마케터
어떻게
되었을까
?

꿈을 이룬 사람들의 생생한 직업 이야기 11편
마케터 어떻게 되었을까?

1판 1쇄 찍음 2017년 4월 24일
1판 4쇄 펴냄 2021년 1월 4일

펴낸곳	㈜캠퍼스멘토
총괄 기획	㈜캠퍼스멘토
저자	윤영재
책임 편집	㈜엔투디
연구·기획	이경태·이동준·오승훈·김예솔·임소영
디자인	㈜엔투디
마케팅	박성권·박선경
교육운영	임철규·문태준·신숙진·이사라·이동훈
관리	지재우·윤영재·김동욱·최영혜·이석기
발행인	안광배

주소	서울시 서초구 강남대로 557 성한빌딩 9층 ㈜캠퍼스멘토
출판등록	제 2012-000207
구입문의	(02) 333-5966
팩스	(02) 3785-0901
홈페이지	http://www.campusmentor.org

ISBN 978-89-97826-15-5(43300)

현직
마케터들을
통해 알아보는
리얼 직업
이야기

마케터
어떻게

How to become a Marketer?

되었을까?

CampusMentor
캠퍼스멘토

도움을 주신
마케터들을
소개합니다

이관섭 마케터

- 현) 홈플러스 마케팅 부문장(CMO)
- 현) 드리머즈 마케팅 스쿨(DMS) 교장쌤
- 전) 이화여대 소비자학과 겸임 교수
- 전) LF그룹 마케팅 담당 상무
- 전) LG전자 HE글로벌 마케팅 커뮤니케이션 담당 상무
- 전) 한국피자헛 마케팅 총괄 이사
- 전) 모니터그룹 시니어 컨설턴트
- 전) P&G 아시아 지역 Brand Manager
- 전) 한국 P&G Assistant Brand Manager
- 연세대학교 언론홍보대학원 석사
- 연세대학교 경제학과 졸업

남주영 마케터

- 현) all the M 대표
- 현) 평화방송 마케팅 사외이사
- 현) 대학교에서 마케팅 실무와 외국계기업 취업 강의 중
- 전) LG전자 글로벌 마케팅팀
- 전) adidas Korea 브랜드 커뮤니케이션팀
- 전) 오길비앤매더코리아 광고기획(Director)
- 전) KFC Korea 마케팅팀
- 전) (주)오리콤 세일즈프로모션팀 / 광고기획본부(AE)
- 고려대학교 경영대학원 MBA(마케팅 전공) 석사
- 1995 한국방송광고공사 국제광고인자격 1 과정
- 1998 한국방송광고공사 국제광고인자격 2 과정
- 1999 대한민국 광고대상 금상 & 환경부문 특별상
- 2003 KFC Golden Rooster Award(한국인 최초 수상)

황희영 마케터

- 현) 아이디인큐 대표
- 전) 맥킨지 컨설턴트
- 전) 한국피자헛 마케팅팀
- 전) 모니터그룹 컨설턴트
- 포항공과대학교 화학공학과 학사·석사

진민규 마케터

- 현) Amazon.com 사업개발 팀장
- 전) 라이엇게임즈코리아 커뮤니티팀 팀장
- 전) 구글코리아 Global business manager
- 전) 미래에셋그룹 브랜드전략실 전략기획 담당
- 전) 제일기획 국내 광고 기획
  / 글로벌 삼성닷컴 콘텐츠 기획
- 연세대학교 신문방송학과 졸업

이종욱 마케터

- 현) e커머스 비즈니스 담당
- 메디안/송염 브랜드 매니저
- 유통 비즈니스 담당
- HBO 전략 기획 담당
- 아모레퍼시픽 입사
- 홍익대학교 국어국문학과 졸업

이승준 마케터

- 현) 아파트멘터리 마케팅 이사
- 전) YG엔터테인먼트 콘텐츠 기획 팀장
- 전) CJ E&M tvN 마케팅
- 한국외국어대학교 법학과 졸업

이 책의 구성

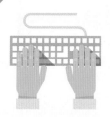

Chapter 2

마케터의 생생 경험담

Chapter 3

예비 마케터 아카데미

마케터,

어떻게
되었을까
?

마케터란?

마케터는

마케팅전문가를 뜻한다. 좁은 뜻으로는 시장조사 및

그 분석을 행하는 사람을 가리키지만 주로 정보를 주체로

상품기획부터 생산·판매·판촉에 이르는

전반적인 작업을 하는 사람이다.

특정 상품 및 서비스에 대한 현재의 판매 수준, 소비자의 취향을 조사·분석하여

효율적인 판매 전략을 수립하고 계획하며 실행한다.

· 출처: 워크넷 한국직업정보시스템

마케터가 하는일

마케터가 하는 일은 조직의 특성에 따라 구체적인 방법에 있어서는 차이가 있을 수 있지만 일반적으로 마케터가 하는 주요 업무를 크게 다음과 같은 세 가지로 구분이 가능합니다.

· 시장 조사·분석

마케팅 전략을 수립하기 위해 고객, 경쟁사, 시장 환경에 대해 조사하고 분석합니다. 시장에서 고객의 니즈(needs), 특성, 트렌드 등을 조사하고, 이를 바탕으로 수요를 분석하고 예측하죠. 또한 경쟁사 및 경쟁 상품의 동향을 파악하고, 자사의 전략과 상품의 경쟁우위와 차별화 요소를 분석하는 일을 합니다.

· 마케팅 전략 수립

시장 분석 자료를 통해 고객 만족과 판매, 브랜드 가치를 극대화할 수 있는 마케팅 전략을 세웁니다.

· 마케팅 활동 및 성과 정리

수립한 마케팅 전략을 바탕으로 실제 전략을 실행할 수 있는 활동계획(Action Plan)을 세웁니다. 또 홍보팀, 영업팀, 생산팀 등 관련부서들과 유기적으로 협업하여 마케팅 활동이 원활하게 진행될 수 있도록 지원합니다. 이 같은 마케팅 활동이 이루어진 후에는 활동에 대한 비용대비 효과측정을 포함해 종합적으로 성과에 대한 분석을 진행하고 향후 마케팅 전략에 이를 반영합니다.

이종욱 마케터 톡 (Talk)!

마케터가 하는 일을 하루 일과에 비유해 본다면 다음과 같답니다!
제가 아모레퍼시픽 메디안/송염 브랜드를 담당했을 때 과정이에요.

아침

1. 환경 분석

현재 상황에 대한 고민담기 / 고객, 경쟁사, 자사 분석하기
- 고객 분석: 사람들은 어떤 칫솔을 좋아할까?, 치아 관련된 고민은 뭐지?
- 경쟁 분석: 요즘 경쟁사 상품은 어떤것이 있을까?, 뭐가 잘 팔리지?
  아무도 출시하지 않은 상품은 무엇이 있을까?
- 자사 분석: 우리 회사가 제일 잘하는 건 무엇일까?
  (경쟁자에게 없고 우리에게만 있는 것 발견하기)

2. 신제품 개발 회의 소집

- 디자이너, 엔지니어,
  연구원 등과 함께 고민하기

오후

3. 드디어 제품 탄생

- 메디안 센서티브 칫솔
- 가격 2,500원
- 제품 특징: 시린이나 연약한 잇몸을 가진 20대 여성을 위한 칫솔
- 판매 경로: 할인점과 같은 마트, 슈퍼마켓, 온라인 몰

4. 제품 알리기

ㄱ. 내부 종사자(영업사원, 판매원등) 대상
ㄴ. 외부에 알리기
 - CF광고 및 홍보 제작, 릴리즈
 - 온라인 광고, SNS를 통해 소개하기

5. 판매 관리

 - 얼마나 잘 팔리고 있는지,
   혹시 문제는 없는지 점검하기

6. 고객 클레임 관리

 - 제품을 판매한 뒤 발생하는 모든 문제 관리하기
   ex. 치약에서 벌레가 나왔다구요?

7. 브랜드 재활성화 / 사후 관리

 - 기획 상품 만들기, 샘플 만들어서 테스트하기
 - 필요한 경우, 제품 단종 / 재고정리

마케터의 구분

산업에 따라, 기업 규모 및 특성에 따라 마케터의 역할과 구분도 달라집니다. P&G나 로레알과 같은 소비재 기업에서는 마케터들이 조직의 핵심인 반면 은행과 같은 금융권에서는 상대적으로 마케터의 역할이 작은 편이죠. 또 어떤 기업에서는 홍보마케팅팀, 영업마케팅팀과 같이 팀으로 불리우기도 하고, 어떤 기업에서는 마케팅 본부로 불리며 더 큰 규모의 조직에서 세분화된 마케팅 활동들을 하기도 합니다. 산업과 기업에 따라 훨씬 더 다양한 마케터의 형태들이 존재하지만, 학생들의 이해를 돕기 위해 그 중에서 일부 마케터 형태를 소개합니다.

・브랜드매니저(BM)

브랜드와 관련된 모든 업무를 총괄하는 사람으로서 브랜드의 기획, 이벤트, 홍보, 광고, 마케팅 등을 담당하는 사람입니다. 제품의 생산에서부터 사람들에게 널리 알리고, 다른 브랜드와의 경쟁에서 이기기 위한 마케팅 전략을 세우는 등 브랜드와 관련된 모든 과정을 관리하게 되죠. 예를 들어 CJ제일제당의 햇반 담당 매니저, 아모레퍼시픽의 설화수 담당 매니저와 같은 식으로 기업 내 브랜드 단위로 업무를 담당하게 됩니다. 타 부서와 함께 브랜드에 관한 다양한 업무를 처리해야 하기 때문에 커뮤니케이션 능력, 책임감, 추진력 등이 필요합니다.

・광고마케터

광고마케터는 광고회사 또는 기업체 내에서 광고시장 분석, 광고효과 조사, 소비자 설문조사나 좌담회 등을 통해 정보를 수집하여 광고 전략에 반영하는 일을 하는 사람입니다. 광고마케터는 광고회사에 소속되어 직접 광고물을 기획·제작하거나 일반 기업체의 마케팅 부서에서 상품판매전략 수립을 맡고 있습니다.

기업뿐만 아니라 영화, 도시, 국가 등 수많은 것이 광고의 대상이 되고 있습니다. 공익광고처럼 이념을 알리는 경우도 있죠. 광고계에서 가장 중요한 역량은 바로 창의성입니다. 이를 위해 평소 사물이나 현상에 대해 남들과 다르게 생각해보는 습관이 도움이 될 수 있습니다.

・마케팅리서처

마케팅리서처(마케팅 조사전문가)는 조사를 의뢰한 기업의 상품이나 서비스에 대해 고객을 대상으로 설문조사나 인터뷰 등을 수행하는 사람입니다. 마케팅조사는 마케팅 전략을 수립하고 그 성과를 측정하기 위한 조사입니다. 이 외에도 제품이나 서비스의 구매와 이용, 사후 서비스에 대한 고객만족도 조사를 수행함으로써 기업의 마케팅 전략과 고객의 반응을 연결하는 중요한 역할을 하게 됩니다. 조사 대상의 생각과 행동을 관찰하고, 이해하는 능력이 필요하며, 수집한 자료를 체계적으로 분석할 수 있는 분석력과 통찰력도 요구됩니다.

· 디지털마케터

국내 스마트폰 보급률은 91%에 육박할 정도로 세계 최고 수준입니다. 요즘 젊은 세대들은 TV 나 신문을 보는 시간보다 스마트폰을 하는 시간이 훨씬 더 길죠. 이로 인해 기존에 중요시되던 4대 매체(TV, 라디오, 잡지, 라디오)보다 디지털 영역에서의 마케팅이 점점 더 중요해지고 있습니다. 이 같은 디지털 기기와 기술에 특화되어 디지털 영역에서의 마케팅 전략을 기획, 실행, 분석하는 사람 들을 디지털마케터라고 부릅니다. 디지털마케터가 되기 위해서는 디지털기기와 기술의 특성과 활 용에 대한 지식이 요구됩니다.

· SNS마케터(소셜마케터)

디지털 매체 중에서도 특히 페이스북, 인스타그램, 블로그, 유튜브와 같은 SNS 채널을 활용해 상 품을 홍보하고 판매활동을 지원하는 마케터를 SNS마케터(소셜마케터)라고도 부릅니다. 홍보해야하 는 상품에 맞는 계층(성, 연령, 직업군 등) 및 SNS 채널을 확정하고, 마케팅 계획을 세우고, 이를 집행 하는 일을 하게 됩니다. 이를 통해 입소문을 만들고, 온라인상에서 사람들의 호응을 불러일으키는 역할을 합니다. SNS마케터는 아이템을 소개하고 이야기를 만드는 역할을 해야 하기 때문에 감성 적인 사람이나 세상 일에 대해 관심과 호기심이 많은 사람에게 적합합니다.

· 퍼포먼스마케터

퍼포먼스마케터란 고객의 행동 흐름을 지속적으로 파악, 분석하고 데이터를 기반으로 적재적소 에 광고를 노출하며 마케팅 최적화 진행 및 성과를 측정하는 일을 합니다. 온라인에서 다양한 경로 로 노출한 커뮤니케이션 및 광고를 통해 브랜드 웹사이트와 쇼핑몰 등에 유입된 고객들이 매출로 전환되는 과정을 체크하고 개선하는 일을 하는 것이죠. 개인화된 광고를 내보내기도 하고, 관심제 품에 맞는 쿠폰을 보내 구매를 이끌어내기도 합니다. 이처럼 다양한 수치들을 도출하고, 분석해 야 하는 만큼 숫자나 데이터와 친화적인 사람이 적합하다고 할 수 있으며, 온라인광고 및 마케팅 에 대한 지식이 있으면 유리합니다.

· 콘텐츠마케터

콘텐츠마케터란 특정 고객에게 가치있고 일관되면서 연관성이 높은 콘텐츠를 만들어 확산시키 는 마케터를 말합니다. 유용한 정보 혹은 흥미로운 이야기거리를 만들어 주로 SNS를 통해 콘텐츠 에 대한 자발적 확산이 이루어지도록 유도하는 것이죠. 콘텐츠 방식은 때로 글이 되기도 하고, 영 상이 되기도 하고, 사진이 되기도 합니다. 콘텐츠마케터가 되기 위해서는 콘텐츠를 기획할 수 있는 스토리텔링 능력과 사람들이 경험하고, 전파하기 용이하도록 콘텐츠를 가공하는 능력이 요구됩니 다. 또한 콘텐츠 확산을 위해 온라인 채널에 대한 이해도 필요합니다.

앞에서 역할에 따른 마케터의 구분을 살펴보았다면, 이번에는 산업에 따라 분류되는 다양한 마케터를 소개합니다.

· 스포츠마케터

스포츠마케터는 기업이 더욱 효과적으로 스포츠마케팅을 할 수 있도록 스포츠 관련된 각종 행사 지원, 선수 지원, 스포츠 용품 판매 등을 대행하는 사람입니다. 스포츠마케팅은 기업이 자사의 제품이나 회사의 이미지를 개선하고 인지도를 향상시키는데 스포츠 선수가 지닌 긍정적인 이미지와 인기를 활용하는 것을 말하죠. 스포츠마케터가 가장 많이 종사하는 회사는 스포츠마케팅 서비스 전문 업체입니다. 그밖에 대기업 내 스포츠 마케팅팀, 유명 스포츠 의류 용품 회사, 프로스포츠팀, 스포츠 관련 조직 및 협회, 스포츠 미디어(방송, 신문) 그리고 스포츠마케팅 업무를 담당하는 종합 광고대행사 등에서 근무하고 있습니다. 스포츠마케터는 마케팅에 대한 기본적 지식 외에 광고 미디어 운영 전문 지식, 통계 지식 등이 요구됩니다. 더불어 스포츠는 전 세계를 무대로 하기 때문에 해외 스포츠 비즈니스 수행에 대비하여 일정 이상의 영어 실력도 갖추어야 합니다.

· 문화마케터

문화마케터는 상품으로써의 문화를 기획하고 판매하는 사람입니다. 공연전문업체에서 공연에 대한 마케팅 전략을 짜고, 해외 수출 등을 담당하거나 기업 내 마케팅팀에 소속되어 상품 판매율을 높이거나 기업이미지를 좋게 만들기 위해 문화를 활용한 전략과 계획을 세우기도 합니다. 또는 문화마케팅 전문업체에서 문화예술을 교육상품으로 만드는 일을 하기도 합니다. 문화마케터가 되기 위해서는 연극, 영화, 음악 등 문화 전반에 대한 흥미는 물론 문화에 대한 지식과 시각을 갖는 것이 필요합니다.

· 의료마케터(병원마케터)

최근 국내외의 의료관광에 대한 수요가 증가하게 되면서 자연스럽게 의료마케터에 관심 역시 높아지고 있습니다. 의료마케터(병원마케터)는 온·오프라인을 통틀어 병원과 관계된 것을 홍보하는 사람입니다. 오프라인에서는 옥외광고, 버스나 지하철 내·외부 광고, 신문이나 잡지 등의 지면광고 등을 합니다. 온라인에서는 SNS를 통해 배너광고, 홈페이지 관리, 지식인 등에 대한 관리를 통해 병원을 단순히 질병을 치료하는 곳이 아닌 의료서비스를 제공하는 하나의 브랜드로 관리하게 됩니다. 외국의 환자를 국내에 유치하기 위한 마케팅 활동을 하기도 하죠. 특별히 의료광고법의 관리를 받기 때문에 이에 대한 이해가 필요합니다.

또 의료마케터(병원마케터)가 되기 위해서는 의료마케팅의 소비층이 주로 20~30대 여성들이 많다보니 여성들이 자주 방문하는 쇼핑몰, 카페 등 사이트에 자주 방문하여 트렌드 변화를 읽는 것이 좋습니다.

· 게임마케터

게임마케터는 게임 시장의 움직임을 살피고, 게임 유저들의 특징 등을 파악하는 사람입니다. 나아가 마케팅 전략을 세우고, 소비자에게 게임을 홍보하는 일을 맡습니다. 주로 온라인 게임, 모바일 게임 등 게임 개발사와 게임 퍼블리셔(게임 유통 및 마케팅 활동을 전문적으로 하는 회사) 등에서 활동합니다. 기본적으로 마케팅 전략, 광고, 홍보, 시장분석, 고객관리에 대한 지식을 갖춰야 하고, 게임에 대한 전문지식, 게임 시장을 분석할 수 있는 능력도 필요합니다. 또 게임의 해외 시장 진출을 시도하는 기업이 늘면서 해외 게임시장의 환경 분석과 유저들의 특징을 파악할 수 있는 능력이 요구되고 있습니다.

· 디지털음원마케터

디지털음원마케터는 가수가 음원 출시를 할 때 기획사와 계약을 맺어 음원사이트에 음원을 판매하는 일련의 과정을 담당하는 사람입니다. 또 사람들이 음원서비스를 많이 활용하도록 각종 이벤트를 구상하고 판매에 긍정적인 영향을 줄 수 있도록 돕습니다. 주로 음원유통사나 연예기획사 등에서 일하게 됩니다. 음원을 판매하고 유통하는 회사들로는 CJ E&M, 로엔엔터테인먼트, KT, 네오위즈, 소니, 워너뮤직, 유니버설뮤직 등이 있습니다. 디지털음원마케터가 되기 위해 반드시 거쳐야 하는 전공 과정 등이 있는 것은 아니지만 음악을 좋아하고, 사람 만나는 것을 좋아하는 사람에게 잘 맞습니다.

· 출처 : 워크넷

마케터의 자격 요건

어떤 특성을 가진 사람들에게 적합할까?

마케팅전문가 중에는 대학에서 경영학, 통계학, 신문방송학, 심리학, 사회학 등 사회과학 분야의 전공자들이 많습니다. 하지만 비전공자들도 충분히 다양한 방법을 통해 관련 지식을 쌓아 진출할 수 있습니다. 마케팅 관련 업체 인턴이나 마케팅 공모전 입상 등의 경력이 있으면 취업 시 유리할 수 있습니다.

최근 외국 기업의 국내 진출이나 국내 기업의 해외 마케팅 활동이 활발하므로 외국어 실력을 갖추는 것이 매우 중요해졌으며, 마케팅이나 소비자행동론 등의 지식도 갖추는 것이 좋습니다. 주로 일반 기업체나 광고회사의 마케팅 부서로 입직하거나 직접 마케팅 컨설팅 회사를 창업하기도 합니다.

마케팅전문가가 되기 위해 요구되는 별도의 국가공인자격증은 없지만, 관련되는 자격증으로는 아래와 같은 종류가 있습니다.

· 경영지도사 / 사회조사분석사 / 소비자 전문 상담사 자격증 등

· 참고 : 한국직업정보시스템, 워크넷

마케터와 관련된 특성

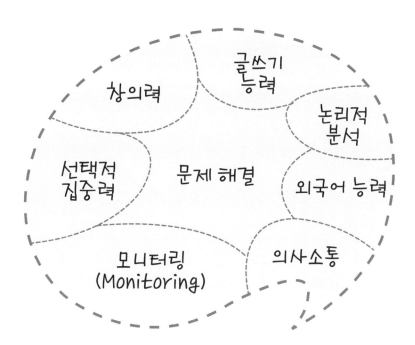

톡(Talk!) 이관섭

세상과 사람에 대한 관심입니다.

첫째, 세상과 사람에 대한 관심입니다. 마케팅은 기계를 설득하는 일이 아닙니다. 인간의 삶 자체가 마케팅과 밀접하게 연결되어 있죠. 둘째, 커뮤니케이션 역량입니다. 아무리 좋은 생각을 가지고 있더라도 전달 받는 사람이 이해하고 공감하지 못한다면 효과적인 의사소통이 이루어졌다고 할 수 없겠죠. 셋째, 오픈 마인드입니다. 나와 다른 의견을 '틀린 것(wrong)'이 아니라 '다른 것(different)'으로 받아들이고 대응해 나갈 수 있어야 훌륭한 마케터가 될 수 있어요.

톡(Talk!) 남주영

분석력과 판단력이 필요합니다.

시장을 조사하고 자료들을 분석할 줄 아는 분석력이 필요해요. 이를 토대로 전략을 짜서 광고, 홍보, 이벤트, e-마케팅 등 실행에 옮길 때 판단할 수 있는 능력도 필요하죠. 어렵게 생각하지 말고, 좋아하는 사람이 같이 차를 마시고 헤어져도 계속 생각나는 것과 같아요. 자려고 누웠다가도 '더 잘 할 수 있는 방법은 없을까?', '이렇게 하면 어떨까?' 떠오르는 생각들을 메모하고 '내일 회사가서 해봐야지' 하는 습관을 가지게 된답니다.

관찰하고 생각하는 습관을 들여보세요.

톡(Talk)! 황희영

브랜드매니저, 소비자 인사이트 전문가, 광고전문가 등 마케팅에 종사하는 사람에게는 브랜드에 대한 애정과 함께 그 브랜드를 바라보는 소비자의 시각을 이해하는 능력이 꼭 필요합니다. 더불어 끊임없는 시장 상황과 소비자 형태의 변화에 발 빠르게 대응해야 하는 만큼, 평소 작은 변화라도 놓치지 않고 '왜 그럴까?', '앞으로 어떤 방향으로 변화가 일어날까?' 고민해보는 습관 또한 중요합니다.

새롭고 다양한 경험을 쌓아야해요.

톡(Talk)! 잔민규

'크리에이티브'와 '분석능력'인 것 같아요. 창의력은 어릴 때부터 책을 많이 보고, '왜 사람들이 저 제품을 살까? 왜 저 브랜드를 좋아할까?' 등 주변에 관심을 가지고 남들과 차별화 할 수 있는 방법을 고민해야 해요. 끊임없이 돌아다니고, 새로운 사람을 만나고, 새로운 시도를 하며 다양한 경험을 쌓는 것 또한 중요하다고 생각합니다. 저 역시 시간이 날 때마다 서점에 가고, 트렌드가 무엇인지 살펴보는 것을 즐긴답니다.

충만한 호기심과 열정이 있나요?

톡(Talk)!
이종욱

'마케터로 어울리는 성향은 이것이다.' 하고 정의 내릴 수 있는 것은 없습니다. 누구든 목표를 갖고 도전을 하면 이룰 수 있으니까요. 충만한 호기심과 지치지 않는 열정을 가지고 있다면 마케터가 될 수 있습니다. 사람의 심리를 잘 읽는 센스가 있거나 소통을 잘 하는 사람이라면 더 즐겁게 마게팅 업무를 할 수도 있겠죠.

콘텐츠를 좋아해야 합니다.

톡(Talk)!
이승준

먼저 이 일은 콘텐츠를 좋아해야 하는 것 같아요. 콘텐츠의 특징을 파악하고 콘셉트를 잡아 어떻게 전달할지 고민하고, 이를 잘 전달할 수 있는 커뮤니케이션 역량을 가진 친구라면 적성에 적합할 것 같습니다. 또 사람 만나는 것을 좋아하는 동시에 사람들 사이에 일어나는 일들을 잘 조정해서 좋은 네트워크를 가지고 있다면 더욱 좋겠네요. 항상 트렌드에 관심을 가지고 끊임없이 계발하려는 노력 또한 필요할 것 같습니다.

내가 생각하는 마케터의
자격 요건을 적어 보세요 !

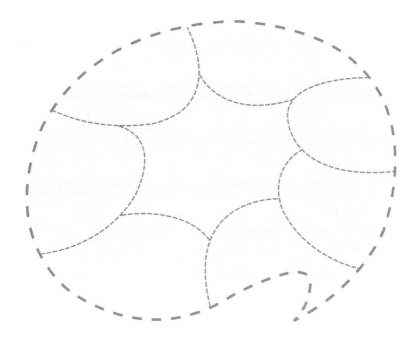

마케터가 되는 과정

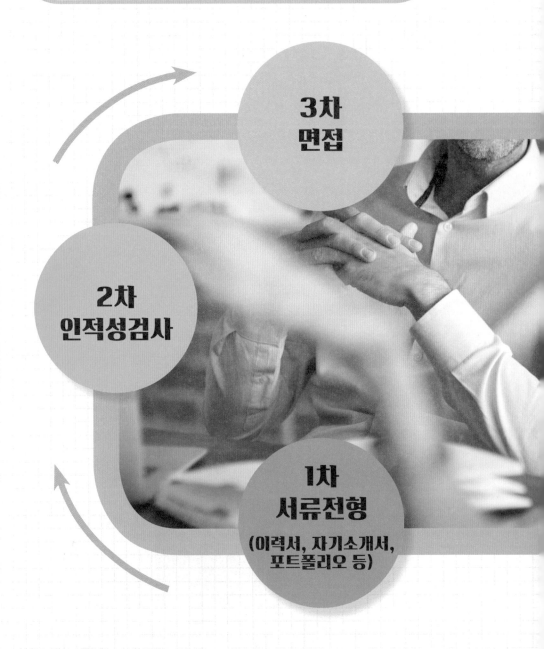

3차
면접

2차
인적성검사

1차
서류전형
(이력서, 자기소개서,
포트폴리오 등)

*지원 체계는 회사마다 상이함

4차
인턴십

최종합격

신입사원
교육

마케터가 되는 과정

많은 학생들이 마케터라는 직업을 꿈꿉니다. 같은 마케터라고 하더라도 국내 대기업, 공기업, 외국계기업, 중소기업, 마케팅/광고 대행사 등 회사의 규모 및 특성에 따라 모집 전형에 다소 차이가 있습니다. 인적성검사를 보는 기업도 있고, 면접을 두 차례 보는 기업도 있고, 필수적으로 일정 기간 인턴십을 거쳐야만 신입사원이 될 수 있는 경우도 있죠. 잡코리아, 사람인과 같은 채용사이트를 통해 각 유형별 기업들의 채용 과정 및 지원 자격에 대해 상세하게 알 수 있습니다.

서류전형

■ 기업이 제시하는 지원 자격에 부합하는지에 대한 확인 과정입니다. 대학교 전공, 어학 점수, 인턴십 경험 유무에 따라 가산점이 부여되기도 합니다.

인적성검사

■ 적성검사의 경우 IQ테스트에 기반하여 설계되었습니다. 언어력, 추리력, 수리력, 공간지각 능력, 한국역사, 상식 등을 물어보죠. 최근들어 직무 역량을 체크하는 기업이 늘고 있습니다. 인성검사의 경우 기업 또는 해당 부문에 적합한 사람인지를 체크하기 위해 실시합니다.

면접 및 임원 면접

■ 기본적으로 자기소개서에 작성했던 내용들에 대해 구체적으로 소개하고, 해당 기업 및 직무에 잘 어울리는 사람인지를 점검하는 과정입니다. 직무 관련 지식을 묻기도 하고, 한 주제에 대한 본인의 생각을 파악하기 위한 질문을 합니다.

 인턴쉽

- 신입사원으로의 전환없이 인턴십만 진행되는 경우도 있으며, 특정 경우 일정기간 인턴십 종료 후 일부 또는 전원이 신입사원으로 전환되기도 합니다.

 최종 합격 및 신입사원 교육

- 회사 소개, 부서별 업무 소개, 직장 예절 교육, 보안 교육 등 회사 내외에서 지켜야 할 기본 소양에 대한 전반적인 교육이 진행됩니다.

출처: 진민규의 마케팅/Tech 이야기
(https://medium.com/@justin_jin/)

마케터의 역할은 업종마다, 회사마다 모두 다릅니다. 저의 경험에 더해 비교적 다양한 업종의 마케터 분들을 만난 결과 마케터의 회사 내 영향력은 마케팅의 매출에 대한 직접적인 기여도와 높은 상관관계가 있다는 결론을 내리게 되었습니다. 아래의 그래프를 보면 조금 더 쉽게 이해가 될 것입니다.

보다시피 소비재 기업, 예를 들어 P&G, 로레알 같은 기업에서는 마케터가 조직의 핵심입니다. 이러한 조직에서는 브랜드매니저들이 특정 브랜드의 런칭, 마케팅부터 영업 실적까지 모든 것을 책임지게 되죠. 그렇다 보니 신입 때부터 막강한 권한과 책임을 동시에 지게 됩니다.

마케터가 되고 싶다면 먼저 내가 좋아하는 제품과 업종이 뭔지, 그리고 그 기업내에서 마케터의 영향력이 어떤지를 먼저 생각해 볼 필요가 있습니다. 발품을 파는 것이 중요한 이유는 특정 업종에서 몇 년간 마케터로 경력을 쌓게 된 후에 다른 업종으로의 이직이 쉽지 않을뿐만 아니라 그 업종의 마케팅전문가로서 경력을 지속적으로 쌓아나가는 것이 본인의 커리어를 위해서도 유리하기 때문에 첫 직장을 고를 때에는 신중한 결정이 필요합니다.

광고대행사(마케팅대행사)의 좋은 점은 다양한 업종의 광고주들과 일을 해보면서 간접적으로 그 업종 마케터의 역할을 체험해보고, 나에게 맞는 업종을 찾아나갈 수 있다는 점입니다. 또 광고대행사(마케팅대행사)에서는 대기업에 비해 훨씬 많은 일을 빠른 시간 내에 꼼꼼하게 처리해내는 법을 신입 때부터 배울 수 있다는 장점도 있습니다.

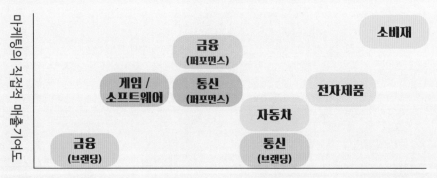

마케터라는 직업의 좋은 점·힘든 점

톡(Talk)!
이관섭

| 좋은 점 |

정해진 답이 없기 때문에 흥미로워요.

저는 '정답이 없다'는 마케팅의 특성을 좋아합니다. 같은 브랜드일지라도 소비자와 경쟁 상황이 계속 변화하기 때문에 지금의 마케팅 전략이 내년에도 그대로 적용되어 같은 결과를 낼 수 있다는 보장이 없어요. 1 더하기 1이 항상 2가 아니라 3도 될 수 있고, 0도 될 수 있죠. 변화에 '반 발짝' 앞서가야 하는 것이 마케터의 역할이라고 생각합니다. 상황을 이해하고 분석하고 고민하여 새로운 접근법을 고민하여 새로운 결과를 만들어 가는 것, 재미있어 보이지 않나요?

톡(Talk)!
남주영

| 좋은 점 |

늘 새로운 프로젝트를 만나요.

항상 새로운 프로젝트를 한다는 점이 재미있어요. 시장과 고객이 존재해야만 우리 제품을 팔기위한 마케팅도 존재하는 거잖아요. 소비자의 생각은 항상 바뀌어요. 우리도 '뭐 사러가야지' 결정하고 물건을 사러 가지만, 막상 가면 다른 게 더 좋아 보이기도 하고, 결국 처음 생각했던 것과 다른 제품을 구매하기도 하죠? 그렇게 되도록 하는 일이 마케팅입니다. 그런 시각에서 볼 때, 항상 사회 트렌드와 소비자 트렌드를 가까이서 접해야 하는 일이죠.

| 좋은 점 |

사람에 대한 이해가 깊어집니다.
논리적 사고력도 길러지죠.

톡(Talk)!
황희영

첫 번째 좋은 점은 사람에 대한 이해가 깊어진다는 거예요. 결국 모든 브랜드나 제품을 소비하는 대상이 사람이니까요. 그렇다 보니 사람에 대해 관심을 가지게 되고, 그들 사이에서 발생하는 일들에 대해 이해하면서 기쁨을 느낄 수 있습니다. 행복하고 값진 사실이죠.

두 번째는 논리적 사고력을 기를 수 있어요. '이 사람이 이렇게 행동을 하는 이유가 뭘까? 어떻게 하면 그 이유를 알 수 있을까?' 등 다양한 방식으로 나름의 답을 찾아가는 것이 습관화되었습니다. 이런 사고 방식은 아이를 키우는 데도 도움이 되더라고요. 아이가 무작정 학교에 가기 싫다고 하면 윽박지르기보다 '왜 그럴까?' 생각하며 아이와 아이의 주변을 차근히 살피게 되었죠.

| 좋은 점 |

재치있는 아이디어로 기업과
소비자를 연결하는 징검다리예요.

톡(Talk)!
잔민규

마케터는 기업과 소비자를 연결해주는 중요한 역할을 합니다. 대부분의 소비자들은 쇼핑을 좋아하지만 광고는 싫어하죠. 소비자가 필요로 하는 브랜드와 제품을 기획하고, 재치있는 마케팅을 통해 소비자들이 사랑하는 브랜드와 제품을 만들 수 있다는 게 바로 마케터라는 직업의 매력이예요.

| 좋은 점 |

내가 만든 상품을 평가받는
즐거운 떨림이 있어요.

브랜드마케터로서의 장점은 다양한 관점에서 상품을 기획하고 브랜드를 관리하면서 얻을 수 있는 비즈니스 경험이겠죠. 내가 만든 상품을 시장에 선보이고 그것에 대한 평가를 받는다는 것은 대단히 흥분되고 떨리는 일입니다. 그 떨림과 흥분을 충분히 감당할 준비가 되어 있다면, 마케터라는 직업이 주는 감동을 얻게 될 것입니다.

| 좋은 점 |

웃으면서 일할 기회가 많이 있답니다.

콘텐츠마케터가 가장 매력적으로 느껴지는 점은 웃으면서 일할 기회가 많다는 거예요. 제가 TV를 보고 있어도 다른 사람들은 '일하고 있구나.'라고 생각하죠. 모니터링을 하거나 자료 조사를 하는 중일 수도 있으니까요. 또 다른 매력은 제가 좋아하는 콘텐츠에 기여할 수 있고, 프로젝트의 일원이 될 수 있었던 점이었던 것 같아요. 제가 참여한 프로그램이 잘 되면 큰 성취감을 느끼죠.

톡(Talk)!
이관섭

| 힘든 점 |
마케팅에 대해 오해받는
상황에 놓이기도 합니다.

마케팅을 '소비자를 현혹해서 소비자의 지갑을 열게 하는 수단'으로 생각하는 환경에 놓일 때 일이 힘들게 느껴집니다. 좋지 않은 점을 좋다고 포장하는 것은 사기겠죠. 자기가 하는 일이 남을 속이는 사기치는 것이라고 생각하면서 정말 즐겁게 일할 수 있을까요? 마케팅은 거짓말을 하는 것이 아니라 좋은 점을 더 의미있고 가치있게 소비자들에게 전달하는 일입니다. 마케터가 되려면 이 사실을 꼭 명심해야 해요. 물론 큰 회사에서 일하다 보면 모든 것을 혼자서 결정할 수 없을 때도 있지만, 이러한 상황을 긍정적으로 대처하려는 자세를 가져야 좋은 마케터로 성장할 수 있습니다.

톡(Talk)!
남주영

| 힘든 점 |
가끔 소비자의 심리를 읽는다는 것이
어려울 때가 있어요.

때로 '어렵다'고 이야기하는 이유는 간혹 제품 출시 전 소비자 조사 결과와 실제 제품 출시 후 소비자 반응이 다른 경우가 있기 때문입니다. 항상 변화하는 시장과 소비자 환경에 따라 마케팅 전략을 수립하고, 액션 트레이닝과 실행을 해야 하기 때문에 일이 치열하고 야근이 많은 편이에요. 그러나, 그러한 경험들이 결국 다음 프로젝트 수행 시 성공의 밑거름이 된답니다.

| 힘든 점 |

항상 트렌드를 따라잡아야 하는 것이 피로감을 주기도 하죠.

늘 트렌드를 빨리 따라잡아야 한다는 점이 힘듭니다. 예를 들면, 저는 모바일 환경과 거리를 두고 지냈어요. 쏟아지듯이 일방적으로 들어오는 많은 정보를 컨트롤할 수 없어서 의도적으로 외면하기도 했는데요. 대부분의 소비자들이 모바일 환경의 페이스북이나 인스타그램을 사용하고 있는데 저 혼자 사용하지 않을 수는 없죠. 소비자들이 모이는 곳에서 소비자들의 니즈(욕구)를 제일 잘 확인할 수 있으니까요. 이런 점이 개인의 성향과 맞지 않으면 쉽게 피로감을 느낄 수도 있습니다.

| 힘든 점 |

정해진 일정을 맞추기 위해 일의 양이 많은 편입니다.

체력적으로 힘들기도 해요. 우리나라만의 특성일 수도 있지만 마케팅 광고라는 업종은 기한이 정해져있는 경우가 많거든요. 신제품 출시 일정에 맞춰 모든 것을 준비해야 합니다. 기획이나 제작은 제대로 되는지, 오프라인에서 제대로 운영되는지 등을 모두 체크해야 하다 보니 일이 많고 외근도 필수죠. 그리고 대인관계능력도 중요합니다. 사람들을 만나는 것을 좋아하는 사람에게는 맞는 직업이겠지만, 내성적이고 혼자 하는 일을 좋아하는 사람이라면 힘든 일이 될 수도 있어요.

| 힘든 점 |

때론 책임감에 어깨가 무겁습니다.

상품을 기획하고 시장에 선보이기까지의 모든 것을 결정하고 책임진다는 것이 누군가에게는 큰 짐이자 부담일 수 있습니다. 담당한 상품이 시장에서 외면당할 때 실패감은 매우 크죠. 하지만 왜 실패했고, 무엇이 문제였는지를 잘 파악해본다면, 다시 성공할 수 있는 기회를 찾게 될 것입니다.

| 힘든 점 |

판단력과 상황대처 능력을 길러야 해요.

예상치 못한 일이 발생할 때도 있죠. 〈푸른거탑〉 포스터를 촬영할 당시, 1월 영하 21도의 날씨에 30~40분 내에 다 찍어야 하는 촉박한 상황이었습니다. 그런 경우 한쪽에서 포스터를 찍으면 다른 쪽에서 개별 촬영을 하는 등 현장에서 잘 대응해야 해요. 철저히 계획을 세우더라도 변수가 많다 보니 순발력이나 상황에 대처하는 능력을 요구하는 경우가 많아요.

일과 생활이 잘 분리되지 않을 때도 있습니다. 사건사고가 언제 어떻게 발생할지 모르기 때문이죠. 주말에 갑작스럽게 문제 상황이 발생해서 전화와 메일을 통해 수습하거나, 방송일이 토요일이라면 주말에도 일해야 하는 점 등이 어려움일 수 있습니다.

마케터가 되기 위한 관련 학과

반드시 관련 학과에 진학해야 마케터가 될 수 있는 것은 아니지만 마케팅을 하는데 있어서 도움이 될 수 있는 몇 가지 전공을 소개합니다. 꼭 해당 전공을 하지는 않더라도 수업을 들어볼 수 있을 테니까요.

이 외에도 관심이 있는 전공학과가 있다면 해당 학과에서 구체적으로 어떤 과목들을 배우는지, 어떤 직업으로 진출하는지 미리 살펴볼 것을 추천합니다. 내가 생각했던 것과 실제 전공에서 배우는 것 사이에는 차이가 있기 마련이거든요.

	경영학과	광고홍보학과	심리학과
학과 소개	기업 경영 분야의 전문적인 지식과 역량을 갖춘 전문가를 키우기 위해 기업운영에 필요한 지식과 경영 전략을 배웁니다.	기업이나 단체 등을 효과적으로 알리기 위한 광고활동이나 광고현상 등에 대해 배웁니다.	인간의 마음과 행동을 과학적으로 공부하고 사회문제를 해결하는 방법을 배웁니다.
핵심 역량	창의성, 외향성, 대인관계능력, 의사결정능력, 분석력, 협동성	분석력, 예술적 감각, 커뮤니케이션능력, 창의력, 문제해결능력, 대인관계능력	지적호기심, 탐구정신, 논리적분석력, 관찰력, 논리적 사고력, 대인관계능력
진출 분야	금융기관, 보험회사, 컨설팅회사, 무역회사, 언론사, 리서치회사, 경영관련연구소	광고대행사, 홍보대행사, 이벤트회사, 일반기업홍보팀, 언론사, 출판사	광고대행사, 컨설팅 업체, 병원, 심리검사연구소, 각종상담기관, 학교
관련 직업	경영컨설턴트, 금융기관사무원, 마케팅전문가, 투자전문가, 스포츠마케터, 외환딜러	광고기획자, 광고제작감독, 방송연출가, 여론조사관리자, 영화감독, 홍보전문가	언론인, 카피라이터, 상담전문가, 심리전문가, 이미지컨설턴트, 상담교사, 교정직공무원
세부 전공	마케팅, 생산관리, 인사관리, 재무관리, 경영정보, 국제경영 등	광고기획, 광고제작, 홍보기획, 광고 및 홍보매체 등	발달심리학, 인지심리학, 사회심리학, 성격심리학, 언어심리학, 산업심리학 등

출처: 꿈 찾는 직업학과카드 (캠퍼스멘토)

마케터 종사 현황

성별

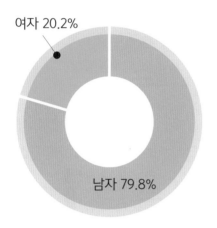

여자 20.2%

남자 79.8%

통계청에서 실시한 '2013년 하반기 지역별고용조사' 결과를 바탕으로 재구성하여 작성한 잡맵(Job Map)에 따르면, 우리나라에서 마케터를 포함한 광고 및 홍보전문가로 활동하고 있는 종사자 수는 약 16,000명이고, 성비는 남자가 79.8%, 여자가 20.2%라고 합니다.

출처 : 2013-2014 Job Map

학력 분포

고졸	1 %
전문대졸	11 %
대졸	70 %
대학원졸	17 %
박사졸	1%

임금 수준 (단위: 만 원)

중위(50%) **4,326**

상위(25%) **5,000**

하위(25%) **3,600**

출처: 워크넷 한국직업정보시스템

마케터의
생생
경험담

미리 보는 마케터들의 커리어패스

이관섭
- 연세대학교 경제학과 졸업
- 연세대학교 언론홍보대학원 석사

> - 한국 P&G Assistant Brand Manager
> - P&G 아시아 지역 Brand Manager

> 모니터그룹 시니어 컨설턴트

남주영
고려대학교 경영대학원 MBA (마케팅전공) 석사

> (주)오리콤 세일즈 프로모션팀 / 광고기획본부(AE)

> KFC Korea 마케팅팀

황희영
포항공과대학교 화학공학과 학사 · 석사

> 모니터그룹 컨설턴트

> 한국피자헛 마케팅팀

진민규
연세대학교 신문방송학과 졸업

> 제일기획 국내 광고 기획 / 글로벌삼성닷컴 콘텐츠 기획

> 미래에셋그룹 브랜드전략실 전략기획 담당

이종욱
홍익대학교 국어국문학과 졸업

> 아모레퍼시픽 입사

> 유통비즈니스 담당

이승준
한국외국어대학교 법학과 졸업

> CJ E&M tvN 마케팅

> 한국 피자헛 마케팅 총괄 이사
> LG전자 HE글로벌 마케팅 커뮤니케이션 담당 상무
> LF그룹 마케팅 담당 상무 / 이화여대 소비자학과 겸임 교수
> 현) 홈플러스 마케팅 부문장(CMO) / 드리머즈 마케팅 스쿨(DMS) 교장쌤

> 오길비앤매더코리아 광고기획(Director)
> adidas Korea 브랜드 커뮤니케이션팀
> LG전자 글로벌 마케팅팀
> 현) all the M 대표 / 평화방송 마케팅 사외이사

> 맥킨지 컨설턴트
> 현) 아이디인큐 대표

> 구글코리아 Global business manager
> 라이엇게임즈코리아 커뮤니티팀 팀장
> 현) Amazon.com 사업개발 팀장

> 메디안/송염 브랜드 매니저
> HBO전략기획 담당
> 현) e커머스비즈니스 담당

> YG엔터테인먼트 콘텐츠 기획 팀장
> 현) 아파트멘터리 마케팅 이사

어렸을 때는 농구선수를 꿈꾸기도 했지만, 우연히 접하게 된 마케팅이 다양한 사람들과 함께 새로운 무언가를 만들어 내고, 세상에 알리는 것을 즐기는 제 적성과 맞다는 것을 알고 25년째 마케터로 일하고 있습니다. P&G, 모니터그룹, 피자헛, LG전자, LF그룹을 거쳐 홈플러스 마케팅 부문장(CMO)으로 지내는 현재까지 인생에서 가장 중요한 가치를 '선한 영향력'을 만드는 것이라 생각하며 그 일환으로 '꿈꾸는 자들의 마케팅 학교(DMS: Dreamer's Marketing School)'를 만들었습니다. 그곳에서 내가 남보다 나음을 증명하기 위해 경쟁하기 보다 사람들의 이야기를 귀 기울여 듣고 자신의 생각을 나누는 과정에서 더 많이 느끼고 배울 수 있길 기대합니다.

홈플러스 마케팅 부문장(CMO)
이관섭

- 현) 홈플러스 마케팅 부문장(CMO)
- 현) 드리머즈 마케팅 스쿨(DMS) 교장쌤
- 전) 이화여대 소비자학과 겸임 교수
- 전) LF그룹 마케팅 담당 상무
- 전) LG전자 HE글로벌 마케팅 커뮤니케이션 담당 상무
- 전) 한국 피자헛 마케팅 총괄 이사
- 전) 모니터그룹 시니어 컨설턴트
- 전) P&G 아시아 지역 브랜드 매니저
- 전) 한국 P&G Assistant Brand Manager
- 연세대학교 언론홍보대학원 석사
- 연세대학교 경제학과 졸업

#소비재 #외식 #제품 #패션 #유통 #브랜드매니저(BM)

마케터의 스케줄

이관섭
마케터의
하루

22:00~23:00
▸ 독서 및 하루 돌아보기
23:00~06:00
▸ 취침

07:30~08:00
▸ 출근
08:00~09:00
▸ 이메일 검토, 일일 업무
우선 순위 계획

19:00~22:00
▸ 팀워크 빌딩 활동,
친구들과의 모임, 취미생활

09:00~12:00
▸ 주요 프로젝트 관련
팀별 협의
12:00~13:00
▸ 점심

15:00~18:00
▸ 매장 방문, 시장 조사,
외부 업체 미팅 등
18:00~19:00
▸ 퇴근

13:00~15:00
▸ 임원 회의 등 부서간 협의체 주관

사람과 스포츠를 사랑하던 소년

▶ 고등학교 시절 같은 반 친구들과

▶ 농구 경기 전 친구들과

▶ 1993년 한국 P&G 마케팅 세미나

▶ 대학원 동기들과 함께

Question 학창 시절, 어떤 학생이었나요?

모임에서 신비주의를 고수하는 내향적인 사람들이 있는 반면, 저는 있는 그대로를 보여주며 사람들과 어울리는 것을 좋아하는 외향적인 스타일입니다. 사람들이 제 혈액형이나 MBTI 타입을 쉽게 알아맞힐 정도로요. 그래서인지 주변에 항상 친구들이 많은 편이었고, 학급 반장이나 동아리 회장 등을 하며 앞에서 팀을 이끄는 역할을 했습니다. 또 감수성이 예민했던 고등학교 시절에 다양한 분야에 관심이 많아 책 읽기, 영화보기, 음악 듣기 등 이것저것을 접하며 제 나름의 생각을 정리하여 글이나 노래 가사도 쓰던 자유로운 영혼이었습니다.

> <MBTI(Myers-Briggs Type Indicator)란?>
> 마이어스(Myers)와 브릭스(Briggs)가 스위스의 정신분석학자인 카를 융(Carl Jung)의 심리 유형론을 토대로 고안한 자기 보고식 성격 유형 검사 도구로, 4가지 선호 지표가 조합된 양식을 통해 16가지 성격 유형을 설명하여, 성격적 특성과 행동의 관계를 이해하도록 돕는다. 시행이 쉽고 간편하여 학교, 직장, 군대 등에서 광범위하게 사용되고 있다.

Question 학창 시절 꿈은 무엇이었나요?

어려서부터 운동하는 것을 정말 좋아했어요. 초등학교, 중학교 시절은 거의 축구에 빠져 지냈죠. 고등학교 시절에는 미국 프로농구 선수인 마이클 조던을 좋아해 농구 선수를 꿈꾸기도 했는데, 키도 더 크지 않고 실력도 생각만큼 늘지 않아서 포기하고 현재는 취미로 즐기고 있습니다. 하하. 스포츠에 대한 관심은 대학생이 되어서도 이어져 한때는 스포츠 전문 기자나 칼럼니스트가 되고 싶다는 생각도 했죠.

그러다 우연히 접하게 된 마케팅이라는 영역에 발을 들이면서 다양한 사람들과 함께 새로운 무언가를 만들어 내고, 세상에 알리는 일이 제 적성과 맞다는 것을 알고 지금까지 마케터로 일하고 있습니다.

Question 경제학과로 진학하게 된 이유가 있나요?

저희 부모님께서는 제가 진로를 결정하는 데 있어서 믿고 맡겨주시는 편이었지만, 아버지는 내심 제가 육군사관학교에 진학하기를 원하셨습니다. 그 당시 '국가의 큰 일을 하는 위치에 오르려면 육사에 진학해야 한다.'는 지금으로서는 조금 이해하기 힘든 사회 분위기 때문이었던 것 같습니다. 하지만 자유로운 것을 좋아하는 제겐 군인으로서의 삶이 그다지 매력적이지 않다고 말씀드렸더니 의사가 되기를 권하셨는데, 동물의 피를 보는 것 조차 좋아하지 않는 터라 그것도 내키지 않다고 말씀 드렸어요.

무엇보다 저는 수학을 그다지 좋아하지 않아서 자연스레 문과 계열을 선택하게 되었죠. 어른들은 법대 진학을 권하셨는데, '두꺼운 법전을 무조건 외워야 한다.'는 것에 거부감이 들었습니다. 사람들과 어울리는 것을 좋아하고 앞에 나서서 이끄는 것을 두려워하지 않는 성격이라 경영 분야가 더 적성에 맞다고 생각해서 경영학과 진학을 목표로 입시를 준비했어요. 그런데 그 당시 영어를 가르쳐 주던 대학생 형으로부터 '경제학이 경영학보다 긴 역사를 가지고 있으니 학문적으로 제대로 공부하기를 원한다면 경제학과로 진학하는 것이 나을 것 같다.'라는 조언을 듣고, 사회과학의 꽃이라고 하는 경제학과로 진학하게 되었습니다.

▶ 대학시절 같은 과 동기들과 함께

대학 2년을 마치고 군대에 갔다가 복학을 한 후에는 중앙 도서관에서 공부하며 지내는 날이 많았습니다. 지금은 상상할 수도 없는 일이지만, 1992년 당시 연세대학교 중앙도서관에서는 열람실 문 앞이나 복도 계단에서 담배를 피우는 것이 암묵적으로 허용되었어요. 실내에서 담배를 피우니 그 연기가 열람실 안으로 들어올 수 밖에 없고, 저녁이 되면 열람실이 뿌연 연기로 가득 찼습니다. 당시에 저도 담배를 피우긴 했지만 동기들 몇 명과 '이런 상황을 그냥 보고만 있을 순 없지 않은가!'라는 문제의식을 가지게 되었습니다. 그래서 아무도 시키지 않았지만 친구들 서너 명과 함께 도서관 앞에 대자보를 붙였어요. 요지는 '담배는 도서관 밖에서 피우자', '대한민국에서 손꼽히는 대학교에 다니는 학생들로서 기본적인 공중도덕은 지키자.'라는 것이었죠. 그 당시 대부분의 대자보는 정치적 메시지를 담고 있었는데, 저희가 쓴 대자보의 내용은 정치적·사회적 문제와 관련된 대자보에 비하면 사소하게 보이는 주제라 처음엔 누가 관심이나 가질까 하는 걱정도 있었습니다. 그런데 학생들의 일상생활과 관련성이 높아서인지 기대 이상의 반응이 생기기 시작했습니다.

더욱이 기존의 대자보들이 학생들의 정치적·사회적 무지와 무관심을 깨우치는 것을 목적으로 한 일방적인 전달이었던 반면 저희가 쓴 대자보에는 대체로 '매우 동의한다.'라며 이 대자보의 취지에 찬성하는 학생들이 쓴 포스트잇 메시지가 자발적으로 하나둘씩 붙기 시작했어요. 동시에 '너희들이 무슨 권한으로 흡연자의 권리를 제한하는가?'라는 식의 반대 의견도 등장하면서 자연스레 포스트잇 논쟁, 지금으로 말하면 댓글 논쟁이 벌어졌던 거죠. 그 덕분에 더 많은 학생들이 대자보 앞에 모여들게 되고 학내 최대 이슈로 부각되었습니다.

저희는 실내 흡연 금지가 상식적으로 당연한 행동이라고 생각했는데, 일부 학생들의 '너희들이 뭔데 실내 흡연을 반대 하느냐?'라는 등의 반대 의견을 내어 조금 화가 나기도 했습니다. 하지만 많은 학생들의 공감을 믿고 '우리는 왜 이 일을 하는가?'에 대한 내용을 담아 다시 대자보를 썼습니다. 돌이켜 보니 저희들은 대자보를 활용한 일종의 여론전을 조성했던 것이고, 이를 통해 절대 다수 학생들의 지지를 이끌어 내었죠. 결국 흡연자들의 자발적 동참을 유도해 연세대학교 도서관에서 담배연기가 사라지게 되었어요. 지금 생각해도 뿌듯한 학창시절의 추억으로 남아있습니다. 이 활동을 '도사봉(도서관 사랑 자원봉사단)'이라고 이름을 붙였죠.

'도사봉'을 통해 새롭게 깨달은 점은 무엇인지 궁금해요

결국 저희가 한 활동의 목적은 '학생들의 자발적인 행동 변화를 유도하자.'였어요. 그것을 위한 커뮤니케이션 수단이 도서관 앞에 붙이는 대자보였고, 최대 관건은 대자보를 읽는 사람들의 마음을 어떻게 움직일 것인가였죠. 가만히 생각해 보면 그때 '카피라이팅(copywriting)'의 중요성을 깨달았던 것 같아요. 대자보를 쓰면서 '어떻게 하면 학생들의 즉각적인 관심을 이끌어 낼 수 있을까?'라는 생각을 하며 제목에 대한 고민을 많이 했었는데, 지금도 기억나는 제목은 '도서관은 대학의 심장인가, 맹장인가'였습니다. 대학교의 도서관은 학생들의 학문 탐구의 중심이 되는 심장의 역할을 해야 하는 것이 당연한데, 몸에 달려있기는 하지만 특별히 도움이 되는 기능을 하지는 못하면서 오히려 문제가 생기면 수술을 해서 떼어 내어야만 하는 맹장과 같은 존재가 되어가는 것은 아닌가 하는 문제의식에서 나온 문구였어요.

지금 봐도 정말 멋진 카피라고 생각합니다. 하하. 이런 카피를 만들어 내는 능력은 누가 가르쳐 주거나 글쓰기 학원을 다니며 배울 수 있는 것은 아닌 것 같고, 다양한 분야에 관심을 가지고 평소에 신문이나 책을 읽고, 영화도 보고, 많은 사람과 대화하며 자연스럽게 쌓인 역량들이 모여 발휘될 수 있는 것 같습니다.

'도사봉'의 추억은 이후에 어떤 영향을 주었나요?

첫 직장인 한국 P&G에 입사할 때 '도사봉(도서관 사랑 자원봉사단)' 이야기가 면접관들에게 강한 인상을 주었습니다. 요즘 학생들 사이에서는 교환 학생으로 해외에 있는 대학에 다녀오는 것이 기본 스펙인 것처럼, 그 당시에는 모두가 어학연수 혹은 배낭여행을 다녀왔다는 것이 기본 스펙처럼 여겨졌어요. 모두가 어학연수나 배낭여행 경험을 가지고 자기소개를 하는 상황에서 저는 '전혀 다른 나만의 이야기'를 했던 거예요. '도사봉'은 취직할 때 이런 경험이 스펙이 되어 도움이 되지 않을까 하는 생각을 하고 시작한 것도 아니었고, 다만 어떤 현상에 대해 자발적인 변화가 필요하다는 생각을 하고, 옳다고 생각한 것을 행동으로 옮긴 것뿐이었어요.

여러분도 여러분만의 이야기를 만드세요. 그림을 그려도 좋고, 지역 봉사활동도 좋고, 농촌 봉사활동에 가서 모내기를 해도 좋습니다. 대신 누가 시켜서 하거나 점수를 받기 위해서 하는 것이 아닌, 정말 자신이 하고 싶은 것을 하면서 자신만의 이야기를 만들어 가 보세요.

수많은
**브랜드와
제품을**
거쳐오다

▶ 2004년 한국 피자헛 사내 행사

▶ LG전자 TV 글로벌 런칭 행사에서-1

▶ LG전자 TV 글로벌 런칭 행사에서-2

不狂不及(불광불급
: 미치지 않으면 미치지 못한다

A U READY?
미칠 준비 되셨나요?

▶ 홈플러스 창립 20주년 마케팅 계획 발표

경제학도들은 교수가 되거나 금융권에 취업하는 경우가 많은데요. 저 역시 대학교 입학 당시에는 공부를 계속해서 교수가 되고 싶다는 생각을 하기도 했어요. 하지만 막상 전공 공부를 해 보니 제가 그렇게 잘할 수 있는 분야가 아니라는 생각이 들더군요. 그래도 경제학이라는 학문 자체에 매력을 느끼며 졸업반이 되었는데, 4학년 1학기 때 우연히 '마케팅 원론'이라는 전공 수업을 듣게 되었습니다. 단순히 지식을 암기해야 하는 과목이 아니라 상식적인 상황을 분석하고 판단하여 나의 생각을 제시하는 과정이 제 적성과 잘 맞았어요.

그러던 차에 P&G라는 회사에서 대학생들을 선발해 2박 3일 마케팅 세미나를 개최한다는 포스터를 우연히 보고 '제주도 항공권 제공 및 신라호텔 2박 3일 무료 숙박'이라는 부가적인 특전에 이끌려 지원했습니다. 솔직히 그때는 P&G라는 회사에 대해 아는 것이 거의 전무했지만요. 하하. 학교 성적이 남들만큼 좋지 않았음에도 불구하고 제 나름의 이야기를 좋게 봐주신 면접관들 덕분에 세미나에 참가하는 행운을 얻게 되었습니다. 세미나에 참석해 보니 선발된 학생들의 대부분이 경영학 전공자들이더라고요. 저를 포함하여 서너 명 정도만 소위 비전공자라고 분류되는 비 경영학과 출신이었는데, 저는 그 당시 마케팅 원론 수업을 겨우 반 학기 수강했을 때여서 마케팅 관련 용어도 익숙하지 않았어요. 여러 사람과 함께 토론하고 고민하며 새로운 아이디어를 만들어 제시하는 과정이 오히려 흥미로웠던 것으로 기억합니다. 그 세미나에 참여하며 마케팅은 '내가 소비자라면?'이라는 역지사지의 자세로 고민을 하고 전략을 짜는 것이기에 꼭 경영학 전공자라야만 할 수 있는 것이 아니라는 생각이 들었어요. 세상과 사람에 대한 관심과 애정, 공감 능력 등이 더 중요한 분야이기에 잘 할 수 있겠다는 자신감이 생겼죠. 그 인연으로 P&G에서 인턴도 하게 되고 졸업 후 첫 직장 생활은 P&G의 마케팅 부서에서 시작하게 되었습니다. 그 후 지금까지 25년째 다양한 브랜드의 마케팅을 담당하는 일을 해 오고 있네요.

마케터로서 첫 직장 생활은 어땠나요?

첫 직장이었던 P&G는 세계적으로 가장 큰 생활용품전문 다국적 기업으로, 미국에서 매출액 기준으로 34번째로 큰 기업이에요. 우리나라에서는 SK-Ⅱ, 팬틴, 헤드앤숄더, 위스퍼, 페브리즈, 다우니, 질레트 등의 브랜드를 주로 판매하고 있죠. 마케팅에 관심 있는 취업 준비생들에게는 세계 최고의 마케팅 사관학교로 알려져 있는 회사입니다. 한국 P&G에서 저는 위스퍼, 팸퍼스, 팬틴, 헤드앤숄더의 어시스턴트 브랜드매니저로 근무하다가 싱가포르에 있는 P&G 아시아 지역 본부로 발령이 나서 프링글스 브랜드의 아시아지역 브랜드매니저로 일하기도 했습니다.

Question **그 이후 어떤 일들을 하셨는지, 경력을 소개해 주세요.**

P&G에서 다양한 브랜드의 마케팅을 하며 어느 정도 경력을 쌓고 인정도 받고 있을 때 새로운 도전에 대한 갈증을 느꼈습니다. 그래서 첫 직장을 떠나 모니터 그룹이라는 세계적인 경영 컨설팅 회사로 이직을 했습니다. 컨설팅 회사의 특성상 자신의 전공 역량과 조금은 무관한 일을 하게 되는 경우도 있는데요, 다행히도 저는 기업들의 브랜드 마케팅 전략 컨설팅 프로젝트를 주로 담당하면서 P&G에서 경험했던 마케팅 역량을 계속 키워갈 수 있었습니다.

세 번째 직장은 피자헛이었습니다. 사실 피자를 즐겨 먹는 편도 아니었고, 레스토랑 사업에 대한 경험도 없었기에 조금 어렵게 느꼈죠. 그런데 제안을 받았을 당시 유치원생이었던 제 큰 딸이 '아빠가 피자헛에서 일하게 되면 너무 좋겠다.'라고 해서 뒤도 안 돌아 보고 이직을 결정했습니다. 피자를 통해 행복한 순간을 나누고, 제 가족들도 좋아하는 피자헛의 마케팅을 책임지는 것이 참 매력적인 일이라 생각했습니다.

네 번째 직장은 2007년 새로운 CEO가 취임하면서 대대적인 마케팅 혁신을 준비하던 LG전자로, 당시 최연소 상무급 임원으로 완전히 새로운 도전을 하게 되었었습니다. 그 전까지 10여 년을 외국계 기업에서만 근무하다가 처음으로 국내 대기업의 임원이 된 것인데요. 당시 대기업에 다니고 있던 제 친구들은 대부분 차장급 정도의 직책을 가지고 있었으니 조금은 과하다 싶은 정도의 파격적인 인사였던 것 같습니다. 그래서 말도 많았고 적응하는 데도 어려움이 많았지만 다행히 LG전자에서 좋은 선후배들을 만나서 그 분들과 함께 공감하며 LG전자 TV 브랜드 사업이 글로벌 시장에서 성장해 가는데 나름의 역할을 할 수 있었던 것 같습니다.

▶ LG전자 TV글로벌 런칭 행사에서

LG전자에서 6년여간 근무한 후에 LF그룹(전 LG패션)에서 이직 제안을 받았습니다. 패션 의류업은 제게 다소 생소한 분야였기에 조금 망설였지만 우리 생활과 밀접하게 연관된 패션업에 대한 호기심으로 이직을 결정했습니다. 회사를 옮기자마자 CMO(Chief Marketing Officer: 기업의 마케팅 부문의 전체를 총괄하는 책임자)로서 그동안 LG패션으로 널리 알려져 있는 회사 이름을 'LF(Life in Future)'로 바꾸는 의미 있는 일을 했습니다. 그 밖에도 LF그룹이 보유하고 있는 헤지스, DAKS, 라푸마, 질스튜어트, 마에스트로, TNGT 등 다양한 의류 및 잡화 브랜드의 마케팅을 총괄하며 차별화된 브랜드 커뮤니케이션 콘셉트를 결정하고 소비자들과 효과적으로 소통하는 마케팅 전략을 실행하는 일을 해 왔습니다. 그러고 보니 LF에서 패션 마케팅까지 하게 되면서, 결과적으로 '의식주'와 관련된 브랜드들의 마케팅을 모두 경험하게 되는 흔하지 않은 경력을 가지게 되었네요. 하하.

현재는 여러분도 잘 아시는 대형 마트인 홈플러스로 자리를 옮겨 새로운 도전을 시작하고 있습니다. 대형 마트 유통업은 그 동안 제가 맡아서 해 온 브랜드 마케팅의 '종합 선물 세트'라고 할 수 있을 만큼 '없는 것 빼고 다 파는' 거대하고 복잡한 사업입니다. 이처럼 복합 브랜드의 마케팅 전략을 총괄하는 일이라 쉽지 않은 도전이지만 한번 해보고 싶었던 분야이기에 기분 좋게 설렙니다. 앞으로 홈플러스가 조금 더 나은 모습으로 고객에게 다가갈 수 있도록 브랜드 마케팅 책임자로서 더욱 치열하게 고민하고 열심히 준비하여 고객들이 홈플러스에서 '기분 좋은 발견'을 하실 수 있도록 최선을 다하겠습니다. 많이 응원해 주세요!

특별히 기억에 남는 프로젝트가 있나요?

피자헛에서 일할 당시 '리치골드의 아버지'라 불린 일이 기억납니다. 피자헛 역사상 가장 큰 성공으로 기록된 리치골드 피자 출시 이후 저에 대해 '고구마 피자의 아버지'라는 신문 기사가 난 적이 있었어요. 제가 그 피자를 개발한 것은 아니고, 고구마가 들어간 피자에 '리치골드'라는 이름을 짓고 생명력을 불어 넣어 소비자들의 머리에 각인시키고 구매 행동으로 이어지게 하는 일, 곧 리치골드 마케팅을 책임지고 총괄했기에 그렇게 불렸습니다. 일반적으로 피자 업계에서는 새로 출시된 피자의 제품 생명주기를 길어야 2년 정도로 보는데, 피자헛의 리치골드는 아직까지도 베스트셀러의 위치를 고수하며 효자 상품으로 남아 있어 제 개인적으로도 자랑스럽게 생각합니다. 리치골드 덕분에 제법 유명세를 타게 되면서 외국계 회사의 젊은 임원으로 언론에 보도가 많이 되었던 것으로 기억합니다. 2004년 당시가 한국 피자헛의 최고 전성기이기도 했지요.

한 가지 더 특별히 기억에 남는 것은, LG전자 TV 사업 역사상 최초의 글로벌 캠페인이라고 할 수 있는 '스칼렛 TV' 프로젝트예요. 프로젝트의 리더로서 전 세계 시장에서 한 가지 콘셉트로 대형 캠페인을 실행했죠. LG전자 TV 브랜드의 위상을 한 단계 업그레이드 시켰고, 세계 TV 시장에서는 하위권에 머물러 있었던 LG전자가 '스칼렛 TV'라는 글로벌 브랜드 마케팅을 계기로 명실상부한 글로벌 넘버 2로 튼튼히 자리매김하게 되었답니다. 이 과정을 통해 글로벌 본사에서 세계화(Globalization)와 현지화(Localization)에 대해 고민하며 폭넓은 경험을 쌓을 수 있었던 것은 지금도 제게 큰 자산이자 자부심으로 남아 있어요.

평소 하루 일과는 어떻게 되나요?

저는 아침형 인간이어서 보통 오전 8시 전에는 회사에 도착하는 편입니다. 출근 후 공식 업무 시작 전 9시까지는 가급적 방해 받지 않고 이메일 확인, 업무 진행 상황 검토, 업계 정보

숙독 등을 하며 업무 우선순위 및 세부 계획을 구상하며 하루를 준비합니다. 보통 오전 시간에는 마케팅 부서 팀원들과 주요 프로젝트 진행 상황에 대해 함께 의논하는 회의를 진행하는데, 회의는 최대한 짧게 의사 결정 포인트 위주로 진행하여 효율적으로 시간을 활용하기 위해 노력하는 편입니다. 점심 식사 후 오후에는 임원 회의나 관련 부서와의 협의 미팅을 주관하기도 하고요. 수시로 매장을 방문하여 우리 직원들과 고객들의 목소리에 귀 기울이기도 하고, 외부 협력 업체와의 미팅도 필요에 따라 현장에서 진행하기도 합니다. 거의 매일 '칼퇴근'하는 편이에요. 일주일에 평균 2~3번 정도는 저녁 시간에 우리 팀원들이나 외부 업체 등과 업무 관련 회식을 하기도 하고, 개인적으로 친구들이나 선후배들을 만나기도 합니다. 특별한 약속이 없으면 바로 집으로 와서 운동을 하거나 가족들과 시간을 보내는 편입니다. 주말에는 주로 가족들과 영화 관람을 하거나 가까운 곳에 맛집을 찾아다니기도 하고, LG트윈스를 좋아하는 딸들과 야구 경기를 보러 가는 것도 큰 즐거움입니다.

 **Question** ## 마케팅을 잘 하기 위해서 무엇을 준비해야 할까요?

세상과 사람에 대해 관심을 가지라는 것 밖에 더 해줄 말이 없습니다. 마케팅은 사람에 대한, 사람을 위한, 사람이 중심이 되는 실용 학문입니다. 그러기에 마음을 열고 다양한 세상일에 대해 자기 나름의 생각을 다져가는 것이 마케팅을 잘 하기 위한 최고의 준비일 것입니다. 세상과 사람에 대한 관심이 있는 사람은 핸드폰으로 게임만 하지 않아요. 또 학교에 앉아서 책만 본다고 해서, 시험을 잘 본다고 해서 준비된 인재가 되는 것도 아닙니다. 인생은 그렇게 단순하지 않아요. 세상과 사람에 대한 관심과 애정은 마케팅뿐만 아니라 사회의 한 구성원으로서도 꼭 필요한 책임감 있는 삶의 자세라고 생각해요. 내가 사는 세상, 내가 속한 집단에 대해 지나치게 무관심하거나 애써 외면하려 하는 것은 일종의 교만이고, 건방이지 절대 쿨한 것이 아닙니다. 세상은 혼자가 아닌 함께 사는 것이니까요.

꿈꾸는
자들을 위한
마케팅학교를
만들다

▶ DMS 1기 졸업식

DREAMER'S
MARKETING
SCHOOL
꿈꾸는 자들의 마케팅 학교
▶ DMS 2기 졸업식

▶ DMS 3기 졸업식

진로를 선택할 때 무엇이 기준이 되어야 할까요?

대학생을 대상으로 강의를 하다 보면, "좋아하는 일과 잘하는 일 중에 어떤 것을 하는 것이 맞을까요?"라는 질문을 하는 학생들이 많습니다. 저는 질문한 학생에게 "학생이 미치도록 좋아하는 일은 무엇인가요? 그리고 남들보다 뛰어나게 잘하는 일은 무엇인가요?"라고 되묻습니다. 대부분의 학생들은 조금 어리둥절한 표정을 지으며 대답을 잘 하지 못합니다. 그러면 다시 묻습니다. "자기가 좋아하는 일과 잘하는 일이 뭔지도 모르는데, 왜 둘 중에 무엇을 해야 할지 고민하는 걸까요? 선택지가 없는데 대체 무엇을 선택하려고 하는 거죠? 그 질문을 하기 전에 자신이 좋아하는 것과 잘하는 것을 찾는 것이 먼저 아닐까요?"

물론, 이 두 가지 선택지를 이미 가지고 있는 사람들도 있습니다. 그런 사람들에게는 다시 묻습니다. "지금 당신이 좋아하는 일이 정말 가슴으로 좋아하는 일인가요? 혹시 주위에서 좋다고 하는 일은 아닌가요?" 만약 진심으로 좋아하는 일이라면, 그건 아마 본인이 잘하는 일일 겁니다. 예를 들어, 춤추는 것을 좋아하는 사람이라면 밤새 춤을 추더라도 피곤한 줄 모를 거예요. 그리고 자꾸 반복해서 춤을 추겠죠. 그럼 자연적으로 춤을 잘 추게 되지 않을까요? 진심으로 좋아하는 일은 시간이 가면서 반드시 잘하게 됩니다. 반대로 자기가 잘하는 일이 있는데 그 일이 하기 싫다면, 그건 아마 다른 이유가 있을 것이고요. 사람은 기본적으로 '인정 욕구'를 가지고 있어요. 무언가를 잘하면 타인으로부터 인정을 받게 되고 그것은 누구에게나 중요한 본능적 욕구를 충족시키기에 인정을 받으면 받을수록 그 일을 자연스럽게 좋아하게 된다는 거죠.

오히려 우리가 더 고민해야 할 것은 '내가 진심으로 좋아하는 일'을 찾는 것입니다. 하고 싶은 것을 하세요. 아니, 최소한 하고 싶은 일을 해 볼 수 있도록 시도하세요. 그것이 무엇인지 아직 잘 모른다면, 너무 고민만 하며 머뭇거리지 말고 지금 할 수 있는 것부터 '해 보며' 경험해 봐야 합니다. 미래에 대한 고민은 깊고 짧게 하세요. 요즘 취업이 어려워지면서 미래에 대한 불안감이 클 수밖에 없는 현실이라는 것을 이해하지만, 가끔 취업 준비생들과 대화를 해 보면 취업에 대한 고민만 너무 길게 하는 것은 아닌지 안타깝습니다. 지금 자기가 좋아하는 것, 작은 것이라도 하나 둘 시도해 봤으면 좋겠어요. '남들이 좋다는 것을 그냥 나도 해야 하는 것 아닌가'라고 생각하지 말고, '내가 정말 좋아하는 것은 무엇일까?' 깊게 고민하고 그것을 어떤 식으로든 해 볼 수 있도록 시도하세요. 저는 그것이 가장 좋은 취업 준비 과정이라고 믿습니다.

물론 삶을 살면서 항상 하고 싶은 일만 하고 살 수는 없습니다. 그러나 내가 하고 싶은 일이 무엇인지도 모르고 시간을 흘려보내고 나면 너무 후회스럽지 않을까요? 지금 내 가슴을 설레게 하는 일부터 시도해 보세요. 그것이 정답이 아닐지라도 한 번 해 보고 나면 후회는 없을 겁니다.

 하고 싶은 일이 있는데 어디서부터 시작해야 할 지 모르겠어요

예를 들어 마케팅에 관심이 있어 마케터라는 직업을 가지고 싶다면 편의점 아르바이트라도 한 번 해보세요. 그래야 손님들이 어떤 것에 관심을 가지는지, 왜 이 브랜드의 제품을 구매하는지, 상품이 어떻게 유통되는지 등에 대해서 알 수 있습니다. 이런 것이 마케팅 시장 조사입니다. 시도해 보세요. 혹시나 실패해도 괜찮습니다. 실패하면 적어도 나와는 맞지 않는 일이라는 것은 알게 될 테니까요.

직업을 선택할 때도 여러 가지를 놓고 고민하지 마세요. 마치 100지선다를 놓고 거기서 고르려고 하는 것 같아 안타까울 때가 있습니다. 전략이란 것은 무엇을 할 것인지 선택하는 것뿐만 아니라 '무엇을 하지 않을 것인지'도 선택하는 것입니다. 모든 직업, 모든 회사에 지원하지 말고, 내가 하고 싶지 않고 잘 할 수 없는 것은 먼저 선택 대상에서 제거하세요. 예를 들어, 저는 은행원이 되는 것은 아예 상상도 안 했습니다. 은행원이라는 직업이 안 좋다는 것이 아니라 나와는 맞지 않는다고 판단했기 때문입니다. 그리고 대기업이라고 무조건 지원하지 마세요. 입사하더라도 자신이 좋아하는 일이 아니면 오래 못 버팁니다. 어떤 회사든 나에게 합격 통지서를 보낸다면 정말 즐거운 마음으로 출근할 수 있겠다고 생각되는 회사에 지원하세요. 그래야 후회가 적은 선택을 할 수 있습니다.

Question 진로 선택하는 데 도움을 준 사람들이 있나요?

이번에 20여 년 만에 다시 만나 한 회사에서 함께 일하게 된 홈플러스 김상현 사장님은 대학교 4학년 때 처음 만나 제가 P&G의 마케터로서 프로페셔널 커리어를 시작할 수 있는 기회를 주셨던 분입니다. 그 이후에도 커리어에 대한 중요한 결정을 할 때마다 애정 어린 조언을 해 주신 감사한 분이죠. 피자헛에서 함께 일했던 현 아웃백스테이크하우스 조인수 사장님도 제겐 큰 형님 같은 인생의 멘토입니다. 이 두 분뿐만 아니라 참 많은 분들이 제 성장에 도움을 주셨어요. 그런 면에서 저는 참 복 받은 사람이라고 생각합니다. 누군가에게 믿음을 주고, 신뢰를 받을 수 있다는 것이 제 인생의 가장 큰 가치 중 하나이기에 저를 믿어 주신 선후배님들에게 부끄럽지 않은 후배이자 선배가 되기 위해 더 노력하며 살고자 합니다.

Question 마케터로서 언제 보람을 얻나요?

마케터와 자신이 맡고 있는 브랜드는 '부모와 자식' 같은 관계라고 생각해요. 부모가 무한한 애정을 가지고 자식이 바르게 잘 성장해 갈 수 있도록 보살피고 지원하는 것처럼, 마케터는 자신의 브랜드가 소비자들에게 참된 가치를 전달할 수 있도록 치열하게 고민하며 가치를 키우려고 노력해야 하는 사람입니다. 그 노력의 결과로 자신의 브랜드가 많은 소비자들에게 사랑 받게 될 때 정말 보람을 느끼죠. 가령 제 명함을 누군가에게 건넸을 때, 상대방이 제 브랜드에 대해 호감을 보일 때는 정말 기분이 좋습니다. 여러분의 부모님도 여러분이 다른 사람에게 칭찬받고 인정받으면 정말 자랑스럽고 뿌듯하신 것과 마찬가지겠죠. 혹시라도 자신이 맡은 브랜드를 사랑하는 마음이 없다면 마케팅 하지 마세요. 내 브랜드를 자랑스러워 할 수 없다면 왜 그런지, 어떻게 하면 더 자랑스러운 '나의 브랜드'로 만들 수 있을지를 먼저 고민해야 합니다. 그것이 부모 같은 마케터의 의무입니다.

삶에서 무엇을 최고의 가치로 여기나요?

가족, 행복, 돈 등 사람마다 최고의 가치로 여기는 것이 다르지만, 저는 인생에서 가장 중요한 가치를 '선한 영향력'이라고 생각합니다. 제가 속한 세상과 제가 만나는 사람들에게 선한 영향력을 받고, 저 역시 그들에게 선한 영향을 끼치며 살 수 있으면 좋겠어요. 방법은 여러 가지가 있겠죠. 학교에서 학생들을 대상으로 강의를 하는 것이나, 지금 이 인터뷰를 하는 것도 하나의 방법일 겁니다. 제가 언젠가 세상을 떠났을 때, 자식으로서, 남편으로서, 아빠로서, 마케터로서 선한 영향력을 전한 사람으로 기억되고 싶어요.

덧붙여 '서로를 진심으로 신뢰할 수 있는 관계 형성' 역시 제겐 아주 중요한 가치라 할 수 있습니다. 누군가에게 신뢰를 얻고 나른 사람이 나를 믿어 준다는 것을 느꼈을 때 갖는 감정이 제게는 참 소중합니다. 저는 인간은 기본적으로 선하다고 믿습니다. 이런 순진한 믿음 때문에 세상 살면서 가끔 뒤통수를 맞기도 하고 가슴 아파하는 경우도 있지만 그래도 이 믿음을 지켜갈 것입니다.

다른 사람들과 함께 일할때 중요한 것은 무엇인가요?

자신의 의견과 다른 타인의 의견에 대해 '서로 존중하는 자세'가 필요합니다. 모든 사람은 조금씩 다른 가치관을 가지고 있으며, 또한 각자 나름대로의 능력을 가지고 이 세상을 살아가고 있죠. 능력이나 지위의 높고 낮음을 떠나 누구든 존재의 이유가 있다고 믿기에, 각자가 가지고 있는 가치와 역량에 대해 존중하는 자세가 중요합니다. 이를 통해 '함께 사는 세상'의 바탕이 만들어지지 않을까요? 이러한 신뢰와 존중이 바탕이 된다면, 서로에 대한 배려는 자연히 따라 오겠죠. 마케팅의 시작은 소비자를 이해하려는 노력과 그에 대한 배려이듯이, 다른 사람을 대할 때 나보다는 상대를 먼저 배려해야 합니다. 때론 좀 부족해 보일지라도, 그러한 부족함까지도 함께 채워갈 수 있도록 배려하는 것, 그게 함께 사는 세상이겠지요. 사실 회사라는 곳에서 일하면서 이런 자세가 말처럼 쉽지 않은 경우가 많지만 그래도 노력하며 살아가고 싶어요.

앞으로의 비전이나 계획이 있나요?

저는 운 좋게도 마케팅이라는 적성에 맞는 일을 시작하게 되었고, 앞으로도 마케터로서 기억되고 싶습니다. 또한, 학생들이 제 강의를 듣고 책을 한 권이라도 더 읽거나 무언가 새로운 생각을 하는데 자극이 될 수 있다면, 그것 또한 마케팅이라고 생각합니다. 이것이 제가 꿈꾸는 자들의 마케팅 학교, 드리머즈 마케팅 스쿨(DMS: Dreamer's Marketing School)을 만든 이유입니다. 후배들에게 나의 경험과 생각을 나누고, 함께 고민하고, 그들에게 작지만 의미 있는 선한 영향력을 전달할 수 있다면, 그보다 더 큰 보람은 없을 것입니다. 아마도 은퇴 후에는 그런 일을 사명감을 가지고 하고 있지 않을까 싶네요.

드리머즈 마케팅스쿨(DMS)이 궁금해요.

25년째 마케터로 일하면서 제가 경험으로 얻은 것을 조금이나마 나누며 살 수 있으면 좋겠다는 생각으로 시작하게 된 것이 바로 '꿈꾸는 자들의 마케팅 학교(DMS: Dreamer's Marketing School)'입니다. 마케팅은 곧 세상과 사람에 대한 이야기이기 때문에 우리 사회에 대해 함께 고민하며 함께 성장하기 위해 노력하는 학생들을 선발해 마케팅에 대한 생각들을 나누고 함께 꿈을 꾸는 곳을 만들어 보고 싶다는 생각을 했습니다.

회사에서 신입 사원들을 선발하기 위해 면접을 하며 느낀 것 중에 하나가, 학벌이나 스펙이 전부가 아니라는 점입니다. 물론 기본적인 소양은 갖추어야 하고 그를 위해 성실히 노력하는 자세는 중요합니다만, 단순히 어느 학교를 졸업했다는 것만으로 누군가에 대한 선입견을 갖는 것은 바람직하지 않다고 생각해요. 그래서 DMS의 선발 기준은 출신 학교, 전공, 외국어 성적 등은 전혀 고려하지 않고, 오로지 마케팅에 대한 관심과 열정, 자신의 인생을 가꾸어 나가고자 하는 의지와 자세만 봅니다. 이런 방식을 통해 한 명 한 명 면접을 통해 선발하면, 한 기수에 25명 학생들의 출신 학교는 20개 가까이로 분산되고, 전공분야도 특정 학과가 아닌 매우 다양한 분야의 전공자들로 구성되더라고요.

그렇게 선발된 25명의 학생들을 위해 강의를 해 주시는 교수진들은 브랜드 마케팅 전략, 광고, 리서치, 컨설팅, 창업, SNS, 글로벌 마케팅 등 다양한 분야에서 인정받는 마케팅 전문가들이고, 주말에 자신의 시간을 할애하여 강의료도 받지 않고 강의를 해 주십니다. 교수님들뿐 아니라 학생들의 멘토들(보통 웬만한 기업의 대리급 사원)과 DMS 졸업생 출신 조교들까지 모두 '자발적 참여를 통한 재능 나눔'을 실천하고 있어요.

DMS는 내가 남보다 나음을 증명하기 위해 경쟁하는 곳이 아닙니다. 나와 동시대를 살아가는 선배들과 친구들은 어떤 경험을 하고, 어떤 생각을 하며 살아가는지, 귀 기울여 듣고 자신의 생각을 나누며 그 과정에서 더 많이 느끼고 배울 수 있길 기대하는 그런 학교지요. 학생들 역시 소위 스펙 쌓기를 하기 위해 다니는 것이 아니라, 마케팅에 대한 관심과 열정을 바탕으로 스스로 동기 부여가 되어 수업에 빠지지 않고 참석합니다. 강의를 하고 난 후 교수님들이 말씀하시길 '학생들의 눈에서 레이저가 뿜어 나오는 것 같다.'고 하더라고요. 저는 이런 '자발적 동기 부여'의 힘이 DMS의 가장 큰 자산이라 믿습니다.

이번 학기 5기째 학교를 운영하면서 더 확신하게 됩니다. 날 선 경쟁이 아닐 때 오히려 더 크게 얻고, 더 멀리 나아갈 수 있다는 것을 말이죠. DMS 운영을 통해 참교육의 중요성과 사명감을 크게 가질 수 있게 되었고, 우리 학교의 교훈인 "함께 꾸는 꿈은 현실이 된다."는 믿음에 더욱 강한 확신을 가질 수 있어서 행복합니다.

Question 마케팅을 하며 공익을 추구할 수 있을까요?

기업들이 기업의 이름을 드러낼 목적으로만 사회적 책임(CSR: Corporate Social Responsibility) 활동을 하는 것은 옳지 않다고 생각합니다. 먼저 기업의 올바른 가치관을 세우고 그에 맞는 '진정성'을 바탕으로 한 사회적 책임 활동을 해야 한다고 생각합니다. 소비자들을 위해 보다 나은 가치를 만들어 내고 정당한 이윤을 창출하는 것 또한 사회 공헌이라고 생각합니다. 즉 참된 마케팅이란 소비자들에게 정당한 가격을 받고, 정당한 가치를 제공하는 것이고, 그 자체가 사회 공헌이라는 겁니다. 고객이 지불한 가격 이상의 만족을 느낄 수 있는 감성적 가치를 만들어 내는 것, 그것이 참된 마케팅이고 그 과정에서 고객과 사회에 기여하는 것이 기업이 할 수 있고, 해야 하는 가장 기본적인 사회 공헌이 아닐까 생각합니다.

<기업의 사회적 책임(CSR; Corporate Social Responsibility)이란?>

기업의 이해 당사자들이 기업에 기대하고 요구하는 사회적 의무들을 충족시키기 위해 수행하는 활동으로, 기업이 자발적으로 사업 영역에서 이해관계자들의 사회적 그리고 환경적 관심사들을 분석하고 수용하여 기업의 경영 활동에 적극적으로 적용하는 과정을 통해 이해 당사자들과 지속적인 상호작용을 이루는 것이라고 정의할 수 있다.

Question · 마지막으로, 학생들에게 한 마디 해주세요!

저도 아직 젊지만 여러분들은 저보다도 훨씬 젊지 않습니까? 나이가 들면 하고 싶어도 할 수 없는 일이 더 많아지게 됩니다. 가진 것이 많을수록 그것을 잃어버릴 것에 대한 두려움이 커지기 때문이죠. 젊어서는 하고 싶은 것을 해 보고 혹시나 기대에 못 미치거나 실패해도 괜찮습니다. 가진 것보다 얻을 것이 많은 것이 젊음입니다. 하고 싶은 것에 도전해 보고 성공하면 나의 자산이 될 것이고 실패하면 경험으로 남게 될 것입니다. 지금 가슴속에 하고 싶은 것이 있다면, 일단 한번 해 보세요!

▶ DMS 4기 졸업식

▶ DMS 5기 입학식

▶ DMS 졸업생들과 함께

▶ 직장인 밴드 공연 후 멤버들과 함께

불어 교사를 꿈꾸다가 갑작스레 마주한 현실과 고민의 시간들은 마케터를 향한 첫 걸음을 내딛게 했습니다. 졸업자인 데다가 관련 학과를 전공하지도 않았지만 열정을 다해 두드리니 문이 열렸습니다. (주)오리콤, KFC Korea, 오길비앤매더코리아, adidas Korea, LG전자 글로벌 마케팅팀에서 다양한 프로젝트를 진행하며 소비자의 마음을 읽었습니다. 현재는 'all the M'의 대표로 대학교에서 마케팅과 관련된 기업 실무와 외국계 기업 취업 강의, 기업 마케팅 컨설팅 업무를 하고 있습니다. 앞으로 저의 경험을 바탕으로한 마케팅에 대한 지식을 더 많은 분들과 나누는 기회가 많아지길 소망합니다.

----

all the M 대표
남주영

- 현) all the M 대표
- 현) 평화방송 마케팅 사외이사
- 현) 대학교에서 마케팅 실무와 외국계기업 취업 강의 중
- 전) LG전자 글로벌 마케팅팀
- 전) adidas Korea 브랜드 커뮤니케이션팀
- 전) 오길비앤매더코리아 광고기획(Director)
- 전) KFC Korea 마케팅팀
- 전) (주)오리콤 세일즈프로모션팀 / 광고기획본부(AE)
- 고려대학교 경영대학원 MBA(마케팅 전공) 석사
- 1995 한국방송광고공사 국제광고인자격 1 과정
- 1998 한국방송광고공사 국제광고인자격 2 과정
- 1999 대한민국 광고대상 금상 & 환경부문 특별상
- 2003 KFC Golden Rooster Award(한국인 최초 수상)

#스포츠 #외식 #제품 #글로벌마케팅 #광고

마케터의 스케줄

남주영
마케터의
하루

글로벌마케터 당시 근무 일과랍니다

06:00~07:00
▸ 출근 준비
07:00~09:00
▸ 담당 지역(A)
(예 – 미주지역, 아시아태평양
지역) 담당자와 비디오 컨퍼런
스 회의

24:00~01:00
▸ 담당지역(C) 담당자와
비디오 컨퍼런스 회의
01:00~06:00
▸ 취침

09:00~11:00
▸ 회의 결과 Follow-up
(추후 준비 사항 진행 등)
11:00~12:00
▸ 내부 회의
12:00~13:00
▸ 점심

20:00~22:00
▸ 회의 준비 / 진행 예정인
프로젝트 준비 상황 확인

17:00~19:00
▸ 회의 결과 Follow-up
(추후 준비 사항 진행 등)
19:00~20:00
▸ 저녁 식사

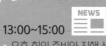

13:00~15:00
▸ 오후 회의 준비와 진행 상황 점검
15:00~17:00
▸ 담당 지역(B)과 비디오
컨퍼런스 회의

꿈을 향한 뒤늦은 첫발

▶ 유치원 때

▶ 초등학교 피아노 발표회

▶ 중학교 졸업식 날 부모님과 함께

학창 시절의 꿈은 무엇이었나요?

중고등학교 시절에는 피아노 치기를 좋아하는 학생이었어요. 피아노를 전공할까도 고민하다가 불어 과목을 더 좋아하게 되어 불어 교사를 꿈꾸게 되었죠. 그래서 불문학을 전공했고 교직을 이수했습니다. 불문학과 교육학이 마케팅과는 관계가 없어 보이지만 이렇게 마케팅이라는 분야에 대해 학생들에게 수업을 하고 있는 것을 보면 어느 정도 관련이 있는 것 같기도 하네요.

진로를 선택하는 데 어떤 어려움이 있었나요?

대학교 진학을 앞두고 어떤 것을 전공할지 고민이 많았지만 교사가 되어야겠다는 생각은 명확했습니다. 부모님께서도 '네가 원하는 것을 하라.'고 지지해 주셨고요. 제가 중고등학생일 때는 동아리 활동이란 것이 활성화 되어 있지 않았고, 대학에 가서는 성당에서 주일학교 선생님을 했었어요.

그런데 대학교 4학년 때 교생 실습을 다녀와서 좌절을 맛보게 되었습니다. 과거 몇 년 동안 임용고시에서 불문과 교사를 한 명도 뽑지 않았다는 사실을 4학년 여름 방학을 다 보낸 후에야 알게 되었죠. 뒤늦게 회사에 입사하기 위해 도서관에 앉아 취업 공부를 하는데 목표 없이 막연히 앉아 있는 시간들이 힘들었습니다. '교사가 되겠다.'라는 이제까지의 삶의 목표가 갑자기 '불특정 다수의 회사에 취업해야 한다.'라는 목표로 바뀌니 준비하는 데 어려움이 있었어요. 무엇을 해야 할지 다음 목표를 세우기 위해 한 달 동안 서점에 살다시피 하며 직업에 관한 거의 모든 책들을 읽어 보게 되었습니다.

Question 마케터를 꿈꾸기 시작한 계기가 있나요?

그렇게 서점에 앉아 책을 읽다 보니 하고 싶고, 재미있을 것 같은 직업들이 몇 가지 생겼고, 이 직업들에 대한 책을 찾아 읽기 시작했어요. 그래서 추려진 생각이 '이벤트를 진행하고 기획하는 이벤트PD를 해야 되겠다.'였어요. 굉장히 활동적이면서도 여러 사람들에게 재미와 감동을 줄 수 있다고 생각했죠. 크고 작게는 기업에서 하는 신상품 출시 발표회라든지, 국가적으로는 올림픽이라든지 큰 행사를 한번 진행해 보고 싶다는 생각을 했었습니다.

Question 진로 선택에 도움을 준 사람이 있나요?

내가 하고 싶은 일은 생겼지만, 기업 입장에서 생각해 보니 저를 뽑아야 할 이유가 아무것도 없는 거예요. 그래서 채용 시험에 합격하기 위한 자격 조건을 갖춰야겠다는 생각을 하게 되었습니다.

당시에 이벤트나 행사 진행을 가르쳐 주는 학원이 한두 군데가 있었는데 학원비도 비싸고 들어가기도 어려웠어요. 고민하다가 학원에 가기 보다는 실제 그 직업을 가진 사람을 만나 봐야겠다고 생각했어요. 그 후에 우연히 친구와 이야기를 나누다가 이런 일을 하고 싶다고 얘기했는데, 그 친구 오빠의 친구가 대기업 광고 대행사에서 관련 일을 한다기에 만날 수 있도록 주선해 달라고 했죠. 당시 그 분이 미국에서 유학 중이었는데 친구를 통해 연락이 닿았어요. 제 생각을 말씀드렸더니, 학원보다는 한국방송광고공사에서 교육하는 '국제광고인 자격'이라는 과정이 있는데, 강사진도 좋고 더 실제적인 정보도 얻을 수 있을 거라며 추천해 주셨습니다.

원하는 일을 하기 위해 어떤 노력을 했나요?

　대학교 졸업을 앞두고, 한국방송광고진흥공사(KOBACO) 광고교육원에서 진행하는 '국제 광고인자격' 과정에 지원했어요. 지원자들은 대부분 재학생들이었고, 졸업 예정자는 저밖에 없었어요. 일반적으로 재학생을 뽑다 보니 다른 졸업 예정자들은 지원해야겠다는 생각을 아예 못했던 것 같아요. 그때 그 일을 해야겠다는 생각이 간절했기에 '졸업 예정자면 어때? 내가 하고 싶은데!'라고 생각하고 과감히 원서를 냈죠. 남들은 원서만 내고 오는데, 저는 담당자를 찾아가서 졸업 예정자이지만, 정말 이 일을 배우고 싶고, 하고 싶으니 저를 꼭 뽑아 주셔야 한다고 제 의지를 보여드리고 왔어요. 그 일을 너무 하고 싶었기 때문에 당돌하게 이야기한 거죠. 결국 합격을 하여 교육을 받을 수 있었습니다.

 부모님의 반응은 어떠셨나요?

　졸업을 앞두고 부모님께 취업이 아닌, 제가 하고 싶은 일을 위해 1년 정도 더 공부를 하고 싶다고 말씀드렸더니 부모님께서도 허락하셨어요. 그 당시에는 없던 '취업 재수'라는 걸 한 셈이네요.

한걸음
한걸음
경력을 쌓다

▶ KFC Korea 미케팅 시절

▶ LG전자 글로벌마케팅 뉴욕 출장 중 회의

GOLDEN ROOSTER # 12

MARIE NAM

Seoul, Korea - May 2003

This award is presented to you in recognition of the
successful launch of "Chicken Salad" in Seoul, Korea.

Korea's Chicken Salad was nominated as one of
"KFC's Global Top Ten New Products"
at the 2003 YRI Franchise Convention.

This significant achievement
was due to your dedication and hard work.

Thanks for your passion to
Build a great KFC Brand in Korea.

YOU ARE A MANIAC!

John Pain

▶ 한국인 최초
KFC Golden Rooster Award 수상

오리콤에 인턴으로 입사하게 된 계기가 있나요?

10개월간 '국제광고인자격1' 과정을 공부하면서, 광고 회사와 기업의 마케팅팀이 구체적으로 어떤 일을 하는 곳인지 그때 처음 알게 되었어요. 들어가 보니 저와 같은 관심사를 가진 사람들이 모였더라고요. 물론 카피라이터, 광고 기획 등 분야는 다르지만, 관심 영역이 같으니 많은 정보를 얻을 수 있었죠. 이때 광고 회사에 인턴 제도가 있다는 걸 알게 되었고, 몇 군데 지원하게 되었습니다. 당시 기업에서는 재학생만 인턴으로 뽑았고, 저는 졸업자이다 보니 지원을 해도 잘 안됐어요.

그 즈음 대학 시절 저와 성당에서 주일학교 교사로 같이 활동했던 언니가 광고 회사에 다닌다는 걸 알게 되었죠. 그 언니 소개로 어렵게 채용 원서를 구해 인턴으로 지원을 했죠. 저 외에 모든 지원자들은 관련 전공 재학생들이었으니 서류를 내고 그냥 돌아가더라고요. 그런데 저는 원서를 내며 "저는 이미 대학졸업자이고, 관련 전공자는 아니지만 현재 어디서 공부를 하고 있고, 이 일을 정말 하고 싶으니 뽑아 주셔야 합니다!"라고 또 한번 제 의지를 보여드리고 나왔어요. 인사팀 담당자는 평범하지 않은 제 행동이 우스웠을 겁니다. 하지만 제겐 꼭 잡아야 할 기회였기 때문에 그만큼 간절했죠. 아무튼 결과는 합격이었습니다. 하하. 그렇게 저는 두산그룹의 계열사인 (주)오리콤이라는 회사에 인턴으로 들어갔어요.

오리콤에서 인턴으로서 맡은 첫 업무는 무엇이었나요?

PR팀에서 인턴 활동을 하게 되었어요. 이 곳에서 실질적인 마케팅 실무를 처음 경험하게 되었죠. 모 회사 주최의 큰 골프 대회 이벤트가 있었는데, 그 프로젝트를 보조하게 되었어요. 보도자료 작성과 현장의 긴박감으로 밤을 새는 날이 많을 정도로 바빴지만 굉장히 재미있게 열심히 했어요.

오리콤에서 인턴을 마치고는 어떻게 되었나요?

그 당시 타사의 인턴은 100% 정규직으로 취업이 보장되었는데, 오리콤은 그렇지 않았어요. 오리콤의 인턴들은 두산그룹 공개 채용 때에 1차 서류 전형만 면제해 줄 뿐 나머지 채용 전형은 그룹 공채 지원자들과 동일하게 경쟁해야 입사할 수 있었어요. 그래서 같이 인턴 생활을 했던 동기 중에 저를 포함해 일부만 입사를 했죠. 입사 후에는 세일즈 프로모션팀에서, 후에는 광고기획팀으로 부서 이동을 하여 AE로서 일을 했습니다.

Question **그 후 어떻게 마케터가 되었나요?**

광고 대행사에서 일을 하다 보니 '광고의 영역이 세일즈 프로모션 외에도 다양하다.'라는 생각이 들었고, 마케팅 영역 내에서 다른 일도 해 보고 싶어서 마케터가 되고 싶다는 생각을 했어요. 그래서 마케터가 되기 위해 회사 내에서 부서 이동을 했습니다. 오리콤과 KFC Korea가 같은 두산 그룹의 계열사였는데, 당시에 계셨던 KFC 팀장님께서 같이 일을 해보지 않겠냐고 제안해 주셨어요. 정말 기뻤죠. 그런데 그때 당시에는 다른 상황 때문에 제안에 바로 응하지는 못했고, 얼마 후에 계열사 이동을 통해 그렇게 바라던 KFC로 가게 되었죠. KFC에서 마케팅 업무를 하면서, KFC의 아시아, 태평양 지역 사무소가 있는 싱가포르에서 다른 국가 KFC 마케터들과 회의하고 교류도 하게 되었습니다. 외국계기업에서 마케팅을 하면서 시야도 넓어지고 마케팅의 다양한 일을 경험할 수 있을 것 같았어요.

Question **KFC에서 일하며 기억에 남는 일이 있나요?**

2000년대 초에 KFC Korea에서 우리나라 패스트푸드 업계 최초로 치킨 샐러드 메뉴를 선보였는데 굉장히 반응이 좋았어요. 그 해에 전 세계 각국 KFC에서 출시한 신제품 중 '전세계 신제품 TOP 10'에 노미네이트가 되었고, 이로 인해 한국인 최초로 팀장님과 함께 상을 받게 되었습니다. 생각해 보면 커뮤니케이션의 영역은 광고 대행사 시절에 많이 배웠었고, 마케팅의 영역은 KFC에서 많이 배웠어요.

Question ## 외국계 기업에서 일하면서 겪은 에피소드가 있나요?

비즈니스 영어는 KFC에 들어가 외국인들을 만나면서 시작했어요. 한국에서는 영어를 글로만 배우고, 외국인과 소통할 기회가 없으니까 처음엔 잘 안 들리지도 않고 무슨 말을 하는지 도통 모르겠더라고요.

제일 처음 영국 사람과 회의를 했는데, 아침에 만나 '잘 주무셨냐?'고 인사를 했는데 제 말을 못 알아듣더라고요. 그런데 같이 갔던 팀장님께서 제가 했던 영어 문장을 그대로 다시 말했는데 명쾌한 대답이 돌아왔어요. 영국 사람과 처음 만나 업무를 하려니 긴장도 하고 소극적이어서 음성도 작아 전달이 제대로 안 됐던 거죠. 그리고 그 분이 짧은 한마디를 했는데, 못 알아 들었어요. 당황해서 팀장님의 얼굴을 쳐다봤더니 "볼펜 하나만 갖다 달라는군." 이라더군요. 그때 볼펜 갖다 달라는 소리도 못 알아듣는 마케팅 담당자라는 이미지를 남길까봐 얼마나 당황했던지요. 우리가 배웠던 미국식 영어가 아닌 영국식 영어를 하니 완전히 다른 언어로 들렸던 거예요.

다른 에피소드는, 싱가포르 신제품 개발팀에 인도 분이 있었어요. 그 분이 정기적으로 한국에 와서 새로운 제품들에 대해 설명을 하고 조사도 했는데, 또 못 알아듣겠는 거예요. 그런 과정을 몇 년 거치다 보니 영국식 영어와 인도식 영어가 들리더라고요. 그때 영국식 영어와 인도식 영어를 터득한 거 같아요. 하하. 그 두 분과는 아직까지도 연락을 주고받고 있고, 집으로 초대하기도 했어요.

마케터에서 광고 분야로 다시 돌아간 이유가 있나요?

전세계 광고 그룹 중 TOP 3 안에 드는 유명한 WPP라는 광고 그룹이 있는데, 이 회사 계열사 중에 하나가 '오길비앤매더코리아(현 다이아몬드 오길비)'였어요. KFC에서 3년 정도 일을 하다가 '오길비앤매더코리아'로 옮겨 광고 기획(AE) 일을 하게 되었죠. 이때는 Director로서 팀을 이끄는 일을 했어요.

마케터로서 일을 하다 보면 다양한 마케팅일을 해야 할 텐데, 국내 기업이 아닌 100% 외국 기업도 경험해 보고 싶다는 생각이 들었어요. 그런 관점에서 '오길비앤매더'와 같은 외국계 광고 대행사는 짧은 기간 동안 많은 외국 기업의 사례를 다양하게 경험할 수 있는 장점이 있다고 판단해 이직을 했어요. 그 곳에서 2년 정도 경험을 쌓다가 100% 외국계 기업인 adidas(아디다스) Korea로 이직해 마케터 업무를 담당했습니다.

LG전자로 이직 후에는 어떤 일을 했나요?

adidas나 KFC 같은 경우는 본사가 외국에 있는 글로벌 기업이라 마케팅을 할 때는 본사에서 가이드라인을 받아 한국 상황에 맞게 현지화하는 작업들을 했었어요. 그런데 LG전자 본사 글로벌 마케팅팀에 있을 때는 반대로 해당 국가에 글로벌 가이드라인을 주는 역할을 했죠. 해외 출장을 자주 다녔지만 아주 재미있었어요.

기본적으로 본사의 글로벌 마케터가 각 나라의 상황을 다 파악하고 그 나라의 마케터들과 커뮤니케이션 할 수는 없어요. 그래서 글로벌 본사에서는 중국 지역, 미주 지역 등 각 나라가 아닌 지역으로 구분해서 그 지역의 총괄 마케팅 담당자를 두고, 그들과 커뮤니케이션을 해요. 그리고 그 지역의 현지 직원들에게 각 지역의 트렌드나 특징 등을 듣고 그 지역에 맞는 마케팅 전략을 세우죠. 본사의 마케팅 전략을 일방적으로 따르라고 할 수 없어요. 그건 마케팅의 기본이 아니죠. 마케팅이란 것은 우리 제품이 잘 판매되도록 소비자를 설득하는 직업이기 때문에 철저하게 소비자를 파악하고 이해하는 것이 기본입니다. 그래서 최대한 많은 이야기를 듣기위해 노력했고, 현지에 직접 가서 소비자들을 만나기도 했죠.

마케팅이라는 업무가 단순해 보이지만 많은 역량이 필요합니다. 제가 광고, 이벤트 일을 했던 경험과 외국계 기업에서 다양한 국가의 사람들과 함께 마케팅 일을 했던 경험들이 쌓여 LG전자 글로벌 마케팅팀에서도 일할 수 있었던 기초가 되었다고 생각해요.

 **마케팅 일을 하면서 가장 보람을 느꼈던 적은 언제인가요?**

LG전자 글로벌 마케팅팀에서 인도 시장 일을 할 때인데요. 전 세계적으로 인도에서 처음 시도하는 제품 출시 이벤트라 인도분들과 끊임없이 회의를 하며 열심히 준비한 프로젝트였어요. 그 출시 이벤트가 얼마나 성공적이었던지 담당하는 영업사원들이 새벽 6시부터 전화를 받느라 밥 먹을 시간이 없을 정도였고, 그 후 이 제품만 전담하는 조직이 인도 법인 내에 별도로 생겼습니다. 그때 그 프로젝트가 가장 기억에 남네요.

또한, LG전자 글로벌 마케팅팀에서 일할 때 부사장님께서 저를 추천을 해 주셔서 GLP에 선정된 적이 있었어요. GLP는 각 국가별 임원들이 엄격한 선발 기준에 의거해서 우수 마케터를 추천하면, 그 마케터들 중에 다시 평가하고 심사하여 전 세계 LG전자 마케터 중에서 소수가 최종 선정된다고 들었어요. 그렇게 어려운 과정을 뚫고 제가 GLP로 선정 되었을 때 정말 영광스럽고 기뻤죠.

경험을
기쁘게
나누는 일

▶ LG전자 글로벌마케팅 영국 런던 전시 참여

▶ all the M 로고

▶ LG전자 글로벌마케팅 영국 런던 전시관 모습

▶ LG전자 글로벌마케팅 인도 현지 프로젝트

마케터의 일은 어떤 과정을 거쳐 진행되나요?

핸드폰을 개발해 판매하는 과정을 예를 들어 설명해 볼게요. 마케터가 핸드폰을 팔겠다고 했을 때 '이 제품을 누구에게 얼마에 팔겠어.'라고 그냥 정하는 게 아니에요. 무작정 정한다고 소비자들이 구매하는 게 아니기 때문이죠. 제품 개발 단계부터 '소비자들은 어떤 제품을 원할까?'를 고민한 후 시제품을 만듭니다. 그리고 소비자들을 모아 시제품을 보고 느끼는 점을 물어보고, 실제 샘플이 나오면 다시 물어보고, 디자인이나 기능에 대한 의견을 수렴하는 여러 번의 과정을 거쳐 제품을 출시합니다. 제품이 나왔을 때 '이것을 얼마에 살 것인지, 이 제품을 처음 봤을 때 연상되는 이미지가 무엇인지' 등도 물어보게 되는데, 그것이 바로 그 제품의 브랜드 이미지가 됩니다. 이는 마케터의 의도가 담긴 부분이기도 해서 그래서 브랜드라는 것이 마케팅 영역에 들어오는 거죠. 마케팅의 영역은 아주 넓어요.

Question **마케터의 일이** 언제 어렵다고 느껴지나요?

마케팅은 소비자에서 시작해서 소비자로 끝난다고 해도 과언이 아닐 정도로 소비자 조사가 매우 중요합니다. 때로 이 일이 어렵다고 이야기하는 이유가 바로 제품 출시 전 소비자 조사 결과와 실제 제품 출시 후 소비자 반응이 다르게 나타날 때가 있기 때문입니다. 예를 들면 여성을 타깃으로 하는 저칼로리 다이어트 식품에 대한 사전 소비자 조사에서는 선호도가 높게 나왔지만, 실제로 출시했을 때 생각만큼 팔리지 않았던 경우가 있었어요. 내부적으로 분석한 결과 소비자들이 '칼로리가 낮으면 맛이 떨어질 것이다.'라고 생각하고 구매를 하지 않았다고 보았습니다.

아무래도 이 분야는 시장의 흐름이나 소비자들의 생각이 항상 바뀌고, 그때마다 마케팅 전략도 유동적으로 변경하여 실행해야 하기 때문에 치열하면서도 일이 많은 편이에요.

예전에는 주로 여행을 다니면서 스트레스를 풀었는데, 지금은 예전보다 일의 양이 많아졌음에도 스트레스는 덜 받는 것 같아요. 신입 때는 모든 일이 서툴고, 작은 일에도 전전긍긍하며 스트레스를 받았는데, 지금은 경력이 쌓인만큼 웬만한 일에는 감정적으로 대응하기보다 이성적으로 판단하고, 때가 될 때까지 기다릴 수 있는 여유가 생겼기 때문이죠.

Question 현재는 무슨 일을 하고 계시나요?

현재 all the M이라는 회사의 대표로 있으며, 주로 대학교에서 마케팅과 관련된 기업 실무와 외국계기업 취업 강의, 기업 마케팅 컨설팅 업무를 하고 있습니다.

Question 앞으로 꿈이 있나요?

돌이켜보면 고등학교 때는 불어 교사가 되고 싶어 대학에서 불문학을 전공하고 교생실습도 나갔고, 대학교 1학년 때는 주일학교 교사를 하며 학생들을 가르쳤어요. 그 후 광고대행사에서 일하면서 여러 사람 앞에 나가서 프레젠테이션을 거의 10년을 했죠. 학생이든 고객이든 사람들 앞에 나가서 제 의견을 말하고, 설득했던 경험 등이 거의 20년이 지난 지금 제가 다시 학생들을 가르칠 수 있는 연결 고리가 된 것 같습니다.

 그 동안의 경험을 바탕으로 제가 가진 지식을 필요로 하는 분들과 많이 나누고 싶어요. 마케팅이라는 것은 인간 삶의 모든 분야에 적용 가능한데, 적용하는 방법을 몰라 고민하는 사람들과 회사들이 꽤 있더라고요. 그래서 모 방송국의 마케팅 컨설팅을 맡으면서 제 경험을 나누고 있어요. 앞으로 이런 기회들이 더 많아졌으면 좋겠습니다.

Question 마케터를 한마디로 표현한다면?

마케터는 소비자들의 요구, 즉 소비자들이 필요로 하는 것과 원하는 것을 정확히 파악해서 자신이 담당하고 있는 상품이 잘 팔릴 수 있도록 이끄는 사람이에요. 아주 흥미진진한 직업이죠.

Question 마케터를 꿈꾸는 학생들에게 한마디 해 주세요

우선 여러분이 마케터가 되고 싶다는 꿈을 가졌다는 것이 대단하고 반가워요. 이를 위해 공부도 열심히 해야 하지만 무엇보다 좋아하는 일을 열과 성의를 다해서 할 수 있는 열정을 키웠으면 좋겠어요. 그리고 일상생활을 하면서 물건을 사러 가서도 '이 제품만의 특징은 뭐고, 왜 이 가격에 팔지? 경쟁 제품의 특징은 뭐고, 가격은 얼마지? 어느 것이 더 매력적인 상품이지?' 등을 고민해 본다면, 그건 이미 마케터로서의 길로 접어든 것입니다. 이런 습관이 있다면 마케터로서 충분히 성공할 수 있어요.

▶ 대학교에서 마케팅 실무 강의 중

공대 석사를 마치고 바깥 세상에 대한 궁금함에 컨설팅사인 모니터그룹에 입사했는데, 우연히 접하게 된 소비자 인사이트 마케팅에 푹 빠지게 됐습니다. 2007년 맥킨지에 입사한 후에는 마케팅 전문가로 근무하며 소비자 인사이트를 바탕으로 국내외 소비재·유통부터 제약사에 이르기까지 다양한 고객사에 마케팅 전략을 제안하는 역할을 했습니다. 2013년 처음 오픈서베이를 통해 모바일 리서치를 접하고 맥킨지 내에서 모바일 리서치 방법론을 세팅하고 전파하는 역할을 해오다 모바일 리서치의 가능성을 보고 몸소 개척해보고 싶어 2015년 아이디인큐 입사를 결심했습니다. 모바일이라는 새로운 환경에서 데이터와 기술 기반으로 더 다양하고 싶어 있는 소비자 인사이트를 발굴하고, 이를 바탕으로 기업이 마케팅·제품 개발·영업·CRM 등 소비자와 고객에 대한 이해를 필요로 하는 모든 분야에서 더 나은 의사 결정을 하도록 돕고자 합니다.

아이디인큐 대표
황희영

- 현) 아이디인큐 대표
- 전) 맥킨지 컨설턴트
- 전) 한국피자헛 마케팅팀
- 전) 모니터그룹 컨설턴트
- 포항공과대학교 화학공학과 학사·석사

#리서치 #외식 #브랜드매니저(BM) #컨설턴트 #인사이트매니저

마케터의 스케줄

황희영
마케터의
하루

22:00 ~ 23:00
▶ 다음날 일정 확인 및 준비
23:00 ~ 06:30
▶ 취침

07:00 ~ 08:00
▶ 출근 준비 및 아침 식사
08:00 ~ 09:00
▶ 출근

18:00 ~ 20:00
▶ 퇴근 및 저녁 식사
20:00 ~ 22:00
▶ 가족과의 시간, 휴식

09:00 ~10:00
▶ 하루 업무 분석
및 스케줄 확인
10:00 ~ 12:00
▶ 부서별 프로젝트 진행 사항
확인 및 회의

15:00 ~ 17:00
▶ 고객 미팅 관련 부서 회의 진행
17:00 ~ 18:00
▶ 업무 정리

10:00 ~ 13:00
▶ 점심 식사
13:00 ~ 15:00
▶ 고객 미팅

명확함을
좋아하던
공대생

▶ 인터뷰하는 모습

▶ 황희영 대표 프로필

▶ 인터뷰하는 모습

Question 학창 시절에 좋아했던 교과목은 무엇인가요?

중학교를 다닐 때까지는 미술과 음악 과목을 좋아해서 열심히 했습니다. 그때 지도 선생님 말씀이 성실해서 스킬을 가르치면 빠르게 느는데, 예술 감각은 부족하다고 하셔서 해당 분야를 더 살리지는 못했습니다. 하하.

학창 시절에도 그렇고, 지금까지도 역사 과목을 좋아합니다. 생각해 보면 역사를 공부 한다는 것은 인물과 그 주변에서 일어난 일들을 이해하는 것이기 때문에 소비자의 심리를 이해해야 하는 저의 일에 도움이 된다고 생각해요. 또 맥킨지에 있을 때 중국, 일본, 한국을 아울러 프로젝트를 진행했었는데, 다양한 국가의 사람들과 일할 때에 그 나라의 역사적인 배경을 이해하는 하고 있다는 점이 도움이 되더군요.

아울러, 마케팅을 하면 할수록 공부해보고 싶은 분야는 인류학과 심리학이에요. 결국 이 일의 승패는 사람에 대한 이해 정도에 달려 있다고 봅니다.

Question 대학 전공은 어떻게 선택하게 되었나요?

고등학교 때 이과에 갔는데 왜 선택했는지 이유는 기억이 나질 않네요. 하하. 아마 추상적인 개념을 이해하는 것 보다는 논리적으로 딱 맞아 떨어지는 것을 좋아했기 때문인 것 같아요. 전공을 선택하는 시점에는 눈에 보이지 않는 개념을 공부하는 수학이나 물리학보다는 눈에 보이는 것을 만드는 데 관심이 생겨 공학을 선택했습니다. 전공이 지금 하는 일과는 완전히 다른 분야죠?

Question 다시 대학에 진학하게 된다면 어떤 전공을 선택하시겠어요?

다시 선택의 기회에 주어진다 해도 저는 공대에 갈 것 같아요. 공대에서는 엄격한 논리적 사고의 구조를 배울 수 있기 때문이에요. 공대 계열의 문제들은 자연이 정해 놓은 정답이 있어 내가 모르면 모르고 있다는 사실을 알 수 있는 반면, 인문학이나 경영 분야의 문제들은 정해진 정답이 없어 내가 정답을 몰라서 모르는 것인지, 정답이 없어서 모르는 것인지 알 수 없어 오히려 더 어렵게 느껴지는 것 같아요. 사고의 접근 방식이 굉장히 다르죠. 그러니 하나의 정답을 찾기 위한 다양한 노력은 어릴 때부터 해 보는 것이 좋은 것 같아요.

Question 부모님께서는 진로에 어떤 도움을 주셨나요?

부모님은 긍정적인 의미에서 간섭을 하지 않고 마음대로 하도록 내버려두셨어요. 아버지께서는 한번도 '네가 뭘 했으면 좋겠다.'라고 제안한 적은 없으시지만, 정말 조언이 필요한 결정적인 순간에 도움을 주십니다. 부모님은 현재 제가 일하는 분야에 대해 정확히는 모르고 계시지만, 오픈서베이의 패널*로 가입해 계셔요.

> <패널이란?>
> 설문에 참여하여 의견을 말하는 응답자

마케팅 분야로 발을 들여놓게 된 계기가 있나요?

대학교를 졸업하고 공부를 더 하고 싶어서 대학원에 진학하게 되었어요. 박사 과정도 할까 고민하다가 학교 밖에서 다른 것도 경험해 보고 싶다는 생각이 들어서 그때부터 취업 준비를 시작했죠. 하지만 어느 분야로 진로를 정해야 할지 고민하면서도 진로 분야에 대해 너무 아는 게 없었습니다. 그러던 중 다양한 산업군을 접하면서 어떤 분야를 선택할 것인지 고민할 시간을 가질 수 있을 것 같아서 모니터그룹을 선택하게 되었어요. 모니터그룹은 마이클포터 등 하버드비즈니스스쿨 교수들이 만든 다국적 전략 컨설팅 그룹입니다.

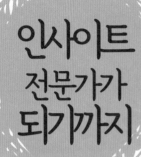

인사이트
전문가가
되기까지

▶ 중국 프로젝트

▶ 중국 프로젝트 시장 조사

▶ 중국인들과 간담회

Question 모니터그룹에서 처음 맡은 프로젝트는 무엇이었나요?

모니터그룹은 마케팅 프로젝트를 많이 하는 회사였는데, 모니터그룹에서 처음 맡은 프로젝트는 마케팅 프로젝트가 아니었습니다. 국내 통신사의 인터넷 서비스 전략과 관련된 컨설팅 프로젝트였죠. 두 번째 프로젝트가 자동차 회사의 마케팅 프로젝트였는데, 공대를 졸업한 저로서는 이때 일을 하면서 시장 조사에 대해 많이 배울 수 있었습니다. 처음에는 아무것도 몰랐기 때문에 어려운 일인 줄도 모르고 열심히 하기만 했죠. 하하.

소비자를 이해한다고 하는 것은 정성적*인 직업으로 보이지만, 그것을 정량적*으로 뽑아낼 수 있는 방법을 고민하고, 그 데이터를 분석하는 것은 지극히 논리적인 과정입니다. 공대에서 공부를 했던 것이 많은 도움이 되었던 것 같아요.

<'정성적'과 '정량적'이라는 표현은 무엇인가요?>

정성적: 숫자로 표현하기 어려운 것에 대해 판단하고 설명하는 것
예) '사용하기 편리하다', '국내 1위 브랜드' 등 A브랜드에 대한 소비자의 인식을 설명하는 것

정량적: 숫자로 계량화 할 수 있는 현상에 대해 설명하는 것
예)A브랜드를 지난 1주일 내 구입해 본 소비자가 몇 명이나 되는지 설명하는 것

Question 컨설팅 업무는 어떤 사람들에게 맞을까요?

컨설팅이라고 하면 다소 거창해 보일 수 있는데 핵심은 딱 1가지, 바로 문제 해결(problem solving)입니다. '어떻게 하면 우리 제품의 시장 점유율을 높일 수 있을까?', '어떻게 하면 수익성을 더 개선할 수 있을까?'와 같은 문제에 직면했을 때 문제를 단위별로 쪼개서 해결 방법을 고민하고, 다시 그것들을 취합해서 해결 방법을 도출해야 하는 식입니다. 예를 들면, 수익성을 높이기 위해서는 매출을 올리거나 혹은 동시에 비용을 줄어야 하고, 그러기 위해서는 마케팅을 효과적으로 하거나 제조 방식

을 변경하는 등 단계적으로 생각해 나가는 것이죠.

논리적으로 문제를 해결하는 데 소질과 관심이 있다면 문과든 이과든 어떤 계열로 진학하든 상관없는 것 같아요.

Question 이직을 하게 된 동기나 이유가 있었나요?

컨설턴트*로서 마케팅 일을 하는 것에는 한계가 있었습니다. 제가 전략을 짜거나 기획을 하기는 하나, 제 계획이나 의도에 따라 실행하지 못하는 것에 대한 아쉬움이 있었어요. 제가 소속된 회사의 브랜드가 아니기에 책임 문제도 있었고요. 마침 피자헛으로 먼저 이직했던 모니터그룹 상사로부터 함께 일해 보자는 제안을 받아 피자헛에 합류하게 되었습니다.

그때 브랜드마케팅 분야는 컨설팅 분야와는 다르다는 것을 배웠습니다. 컨설팅 일을 하다 보면 안 되는 것을 들여다보고 '왜 이런 간단한 것이 안 되지?' 답답해 하게 되는 경우가 많은데 산업 현장에 가서 보니까 그게 얼마나 건방진 생각인지 알게 되었어요. 안 되는 일에는 안 되는 이유가 다 있고, 안 되는 조직도 마찬가지입니다. 안 되는 이유가 만 가지는 있더군요. 그 가운데 가장 근본적인 원인을 찾아서 하나하나 실타래를 풀 듯 문제를 해결해 나가는 것이 중요하다는 것을 알게 되었습니다.

< 컨설턴트(Consultant)란? >

필요한 정보나 도움, 미래에 대한 전망을 제공해주는 사람을 의미한다. 컨설턴트는 조직 내에 고용된 사람일 수도 있고, 조직 외부에서 계약에 의해 맺어진 사람일 수도 있다. 인적자원개발에서는 인적자원과 관련된 문제, 목표 성취에 대해 구체적인 전문성을 가지고 조언을 하며, 문제 해결을 촉진하는 내부 혹은 외부 사람을 의미한다.

출처: HRD 용어사전

마케터의 업무에 대해 소개해 주세요.

마케팅이란 한마디로 브랜드와 제품의 가치를 소비자에게 잘 전달하는 일을 말합니다.

코카콜라를 예로 들어 볼까요? 만약 검은 액체인 코카콜라가 상표 없이 투명한 컵에 담긴 것과 상표와 함께 빨간색 캔에 담긴 것, 두 제품이 있다면 대부분의 소비자는 빨간색 캔의 것을 선호할 겁니다. 캔에 담겨 있어 이동하는데 편리할 뿐 아니라 코카콜라 브랜드가 주는 즐거움과 만족감이 있기 때문이지요. 이것을 바꾸어 생각해 보면, 마케터의 역할은 소비자의 니즈(needs: 요구)에 맞게 제품 및 브랜드를 만들고, 기능적 측면뿐 아니라 감성적 측면에서 그 제품 및 브랜드의 가치가 소비자에게 잘 전달될 수 있도록 커뮤니케이션하고 관리하는 것입니다.

마케팅이라는 일은 상당히 세분화가 되었습니다. 분야별로 간단히 소개를 하자면 브랜드매니저는 '소비자들이 원하는 제품과 브랜드의 모습은 어떨까?', '경쟁 브랜드대비 어떻게 차별화할까?'와 같은 고민을 바탕으로 한 브랜드가 소비자에게 제공해야 하는 가치를 정의하고, 그 가치를 가장 잘 전달할 수 있는 방법을 고민하는 역할을 합니다.

광고 분야의 크리에이티브 디렉터의 경우 창의성과 예술적인 감각을 바탕으로 광고주와 소비자의 요구를 파악하고 제품에 따른 적합한 광고 매체를 선택하여 창조적인 광고를 제작하기 위한 전략을 계획하고, 영상 및 인쇄 매체의 광고 비주얼을 구성하는 역할을 합니다.

매체플래닝은 분석적으로 TV, 잡지, SNS 등에 얼마나 광고를 하고, 얼마나 효과를 얻을 수 있는지 등을 계획하고, 집행하는 역할을 합니다.

피자헛에서는 어떤 업무를 했나요?

피자헛에서는 마케팅팀 소속으로 2가지 역할을 담당했습니다. 첫 번째는 피자헛 레스토랑의 업그레이드 모델을 테스트하는 '피자헛 플러스'의 브랜드 매니저 역할이었고, 두번째는 외식 및 피자 전문점 소비자에 대한 인사이트(insight: 통찰)*를 바탕으로 마케팅 전략 수립을 뒷받침하는 인사이트 매니저 역할이었어요. 피자헛 플러스 브랜드를 맡아 메뉴 개발부터 매장 운영까지 직접 뛰어들어 해보면서 브랜드마케팅에 대해 정말 많이 배웠는데, 그중 지금까지도 가장 소중한 배움으로 간직하고 있는 것이 함께 일하는 사람들과 소통하는 방법입니다. 마케팅팀에서 고민해서 내놓은 신 메뉴, 프로모션이 빛을 발하려면 매장에서 실행이 잘되어야 하는데, 그러려면 매장을 맡고 있는 점장들과 소통하는 것이 무엇보다 중요하더라고요. 컨설턴트로서 배우고 익숙해진 방법을 버리고 더 현장에 밀착된 소통 방법을 찾는데 고생을 많이 했고, 그 과정에서 많이 배웠습니다. 인사이트 매니저 역할을 하면서는 현장에서 소비자 이해를 위해 쓰는 방법뿐만 아니라, 글로벌 브랜드의 브랜드매니지먼트 방법에 대해 많이 배웠습니다. 브랜드라는 것이 살아있는 유기체와 비슷해서 여러 국가에서 각기 조금씩 다른 모습으로 사업을 하면서도 공통된 브랜드 가치와 이미지를 유지한다는 것이 쉽지 않은데, 글로벌 브랜드들이 브랜드 일관성을 유지하기 위해 어떤 원칙과 프로세스를 가지고 일하는지 볼 수 있는 좋은 기회였습니다.

〈'소비자 인사이트란'?〉

소비자가 어떤 브랜드나 제품에 대해 가지는 인식. 원하는 것 혹은 불편하게 느끼는 점 등에 대한 종합적인 이해

Question **맥킨지로 이직한 동기나 이유가 있었나요?**

이전에 브랜드매니저가 되면 진짜 잘할 수 있다는 생각을 했어요. 그런데 피자헛에서 막상 브랜드매니저가 되어 보니까 어려운 점이 있었어요. 제가 진행하는 브랜드에 대한 단점이 잘 안보이기도 하고, 보여도 말을 하기가 어렵기도 하고요. 애정을 가지고 진행하는 브랜드에 대해 객관적인 시각을 견지하는 것이 굉장히 어려웠어요. 그러던 중 건강이 안 좋아져서 회사를 그만두게 되었고, 치료받고 회복하면서 '내겐 컨설팅과 마케팅 실무 경험이 있는데, 이것을 어떻게 잘 활용할 수 있을까?' 고민했죠.

고민 끝에 맥킨지에서 마케팅과 소비자 인사이트를 전담하는 컨설턴트 포지션을 맡게 되었습니다. 맥킨지는 조직이 워낙 커서 각자의 역할이 훨씬 세분화되어 있는데요. 그 안에서 마

케팅 스페셜리스트로서 활동하며 조금 더 전문화된 일을 할 수 있었습니다. 이직으로 회사는 몇 차례 바뀌었지만 마케팅 프로젝트는 결국 소비자 인사이트를 바탕으로 마케팅 전략을 수립하는 일을 계속 해 온 셈입니다.

Question ## 기억에 남는 프로젝트가 있나요?

맥킨지에서 근무할 때 중국에서 프로젝트를 진행한 적이 있습니다. 중국인들을 모아서 좌담회를 진행할 때 찬물 마시는 이야기를 하는데 아무리 생각해 봐도 한국에서의 찬물 개념이 아닌 것 같았어요. 중국은 한 성(城)이 한 국가라고 할 만큼 한 나라 안에 서도 사람들의 성향이나 문화적인 차이가 굉장히 큰데요. 중국인은 환경오염, 특히 마시는 물에 대한 걱정이 큽니다. 그러다 보니 보통 물을 끓여서 마시죠. 중국 사람에게 물어 보니 우리는 냉장고에서 바로 꺼낸 물을 찬물이라고 하지만, 중국인은 끓여서 살짝 식힌 60~70℃의 물을 찬물이라고 하는 것이더군요. 그때 소비자의 심리는 물론 문화적 · 역사적인 배경이 소비자를 파악하는 데 얼마나 중요한지 알았습니다.

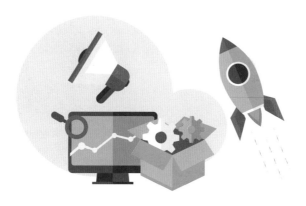

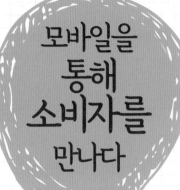
모바일을
통해
소비자를
만나다

▶ 오픈서베이

▶ 직원들과 함께!

▶ Digital Marketing 2016에서 발표

▶ 열심히 준비하는 모습

현재 일하고 계신 아이디인큐에 대해 소개해 주세요.

아이디인큐는 국내 최초로 모바일을 활용한 소비자 조사 즉, 모바일 리서치를 시작한 기업입니다. 그 안에서 '오픈서베이' 라는 서비스를 운영하고 있지요. 기업 혹은 마케터가 어떤 브랜드를 기획하거나 제품을 출시했을 때 소비자들의 생각이나 반응을 수집하기 위해 소비자 조사를 하게 되는데요. 이것을 위해 기존에는 조사원들이 사람들이 붐비는 거리에서, 혹은 집

집마다 방문하여 종이 설문지를 들고 조사했다면, 저희는 모바일을 통해서 답을 얻고 있습니다. 리서치를 원하는 기업이 웹상에서 직접 설문을 작성하면, 소비자는 모바일 앱을 통해 설문에 응답하고, 저희는 그 응답내용을 분석하여 기업의 마케팅 활동에 도움이 되는 정보로 가공하여 제공하는 시스템을 운영합니다. 이런 방법은 소비자가 늘 휴대하는 모바일을 통해 응답을 받기 때문에 기존의 설문 방식과 달리 시간과 장소에 구애 받지 않고 훨씬 빠르고 편하게 진행할 수 있습니다. 더불어, 동영상을 시청하고 질문에 답하거나, 특정 제품을 사용하는 모습을 담은 사진 응답을 받는 등 모바일에 특화된 기능을 활용하여 더 깊고 풍부한 소비자에 대한 이해가 가능하다는 장점을 가집니다. 오픈서베이는 이처럼 다양한 방법으로 소비자의 생각과 반응을 수집하고 분석할 수 있는 솔루션을 제공함으로써 기업들이 소비자를 이해하는 데 도움을 주고 있습니다.

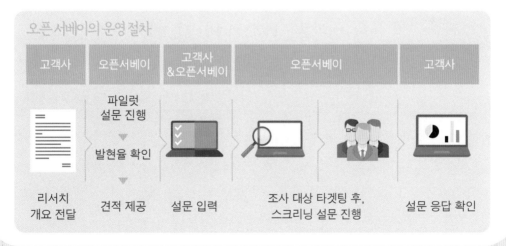

오픈서베이의 운영절차

고객사	오픈서베이	고객사 &오픈서베이	오픈서베이	고객사
리서치 개요 전달	파일럿 설문 진행 ▼ 발현율 확인 ▼ 견적 제공	설문 입력	조사 대상 타겟팅 후, 스크리닝 설문 진행	설문 응답 확인

❶ 리서치 목적 정하기

해결하고자 하는 문제와 리서치 목적을 명확히 합니다.

❷ 가설 세우기

문제를 해결하기 위해 검증하고자 하는 가설을 구체화합니다.

❸ 조사 대상과 규모 정하기

파악하고 싶은 모집단을 명확히 하고, 이를 대표하는 샘플의 규모를 결정합니다.

❹ 문항 만들기

응답자가 정확한 응답을 할 수 있도록 객관적이면서도 쉬운 문항과 보기를
작성합니다.

example *만약 ABC 음료의 리서치를 기획한다면?	조사목적	· ABC 음료 음용 고객 대상 평가를 통한 개선점 도출 · ABC 음료 확대 방향 모색
	가설	· ABC 음료 맛별 음용 빈도에 차이가 클 것이다. · ABC 음료는 가정소비 비중이 단체소비 비중에 비해 높을 것이다. · ABC 음료에 있어 유통채널의 부족, 맛의 다채롭지 못함 등이 주요 불만족일 것이다. · ABC 음료를 주로 구매하는 사람은 경쟁사 음료 음용 빈도가 높을것이다.
	조사대상	·최근 3개월 내 ABC 음료를 1회 이상 구매한 경험이 있는 20~40대 남녀 300명

Question **아이디인큐로 이직하게 된 계기가 있었나요?**

맥킨지에 근무할 당시 오픈서베이의 고객이었어요. 2년 정도 고객으로서 오픈서베이의
플랫폼을 사용해 보니 모바일 리서치가 장점이 많았습니다. 자연스럽게 모바일 리서치를
많이 진행하게 되었고, 다이어리 방식 등 새로운 모바일 리서치 활용 방법을 같이 만들고 테
스트하는 기회를 가지게 되었습니다. 그러면서 모바일 리서치가 소비자 인사이트의 미래를
바꿀 수 있다는 생각을 하게 되었고, 마침 오픈서베이도 소비자 조사에 대한 경험이 많은 사
람과 함께할 기회를 찾고 있던 터라 합류하게 되었습니다.

아이디인큐에서 어떤 일을 맡고 계신가요?

한 회사를 맡고 있는 만큼 다양한 일을 하지만, 가장 큰 책임은 오픈서베이 제품의 미래를 그리는 일입니다. 오픈서베이가 모바일 리서치 회사이기는 한데, 제가 입사했을 때만 하더라도 리서치를 전문적으로 하는 부서가 없었어요. 고객사가 원하는 질문을 패널(소비자)에게 던지고 패널이 응답하면 웹사이트에서 바로 취합하여 고객사에게 전달하는 시스템이었습니다. 그저 소비자의 대답을 그대로 회사로 전달해주는 중간자 역할이었고, 그러니 플랫폼을 운영하는 인력만 있으면 되는 플랫폼 사업이었던 거죠.

하지만 고객사에서는 단순히 데이터 결과 값만 보는 것이 아니라 시간이 갈수록 빠르게 변화하는 소비자의 형태를 더 정확하게 파악하기 위해 새로운 방법론에 대한 요구가 커졌습니다. 결과를 더 깊이 있게 분석하고 그로부터 인사이트를 찾아내는 것의 필요성 또한 커지고 있죠. 이러한 시장과 고객사의 요구에 발맞추어 오픈서베이의 제품을 개선하는 것이 제 역할입니다.

업무하는 모습은 어떻게 바뀌었는지 궁금해요.

예전 컨설턴트로서 하던 일과와 현재 일의 차이는 머리를 쓰는 시간과 입을 쓰는 시간의 차이로 표현할 수 있겠네요.

맥킨지에서 컨설턴트로서 일할 때는 내부 고객을 대상으로 일하는 것이 많다 보니 대부분의 경우 혼자 머릿속의 정보들을 일에 녹여 내면서, 어떻게 하면 효과적인 커뮤니케이션 보고서를 만들 수 있을지 고민하다가 그 결과물을 가지고 아침이나 오후 늦게 컨퍼런스콜*을 활용해 해외의 파트너들과 회의했습니다.

반면, 오픈서베이는 각 부서별로 진행해야 하는 일들이 있기 때문에 하루 종일 부서별로 미팅을 합니다. 각각의 프로젝트들이 어떻게 진행이 되고 있는지 해당 팀들과 회의하거나 직접 고객사를 만나러 나가기도 합니다. 프로젝트의 기획 분석부터 마무리 보고서까지 다 맡아서 진행하는 경우도 있습니다.

Question 개인적인 꿈이나 목표가 있다면 무엇인가요?

일단 제가 소비자 인사이트 업무에 종사하고 있고, 모바일 리서치가 이 분야의 미래를 바꿀 수 있다는 믿음으로 시작한 만큼 제가 하는 일에서 의미있는 결실을 만드는 것이 첫 번째 목표입니다. 두 번째는 저를 포함한 구성원 각자가 회사에 기여하면서 자신의 삶을 가꿀수 있는 업무 방식을 만들어 보고 싶어요. 저도 한 아이의 엄마로서 매일 갈등합니다. 정말 업무를 제대로 하기 위해서는 아이와의 시간을 포기할 수밖에 없는 것인지를요. 선진국의 예를 보면 오전 10시에 출근해서 오후 4시에 퇴근하는 것이 가능하던데, 그렇게 되려면 나는 무엇을 더 해야 하고, 회사는 어떤 준비를 해야 하는지 저도 명확한 답은 없지만 저희 회사의 많은 구성원들에 비해 이 고민을 더 빨리 맞닥뜨린 만큼(아이디인큐의 대부분의 구성원은 아직 미혼입니다. 하하.) 앞장서 해결 방법을 찾아나가야겠다는 책임감을 느끼고 있습니다.

Question 마케터가 되려는 학생들에게 한 말씀 해주세요.

무엇을 더 공부할까 고민하는 것만큼 주변에 있는 것들의 작은 변화에 관심과 호기심을 가지는 것도 중요합니다. 예를 들면 이런 거죠, 광고 하나를 보더라도 '왜 저렇게 광고 할까? 그리고 저 광고를 본 대중들의 생각은 어떨까?' 또, 길을 지나다 보면 어떤 매장은 장사가 잘 되는데, 어떤 매장은 그렇지 않은 게 보일 거예요. '왜그럴까? 잘 되는 매장과 안 되는 매장의 차이점은 무엇일까? 그렇다면 어떤 변화를 줘야 할까?' 등 생활 주변의 것부터 시간을 투자해서 자신만의 의견을 갖는 연습을 하는 것이 무엇보다 중요하다고 생각합니다.

언론인을 꿈꾸던 학생은, 광고 기획 프레젠테이션의 매력에 푹 빠져 광고기획자가 되었습니다. 제일기획, 미래에셋을 거쳐 구글코리아에 입사했고, 구글에서 컨설팅을 하다 소비자의 니즈를 반영하는 쌍방향 소통에 매력을 느껴 라이엇게임즈코리아에서 커뮤니티팀 팀장을 맡았답니다. 한국의 플레이어들이 게임을 더 재미있게 즐길 수 있도록 게이머의 의견을 회사에 전달하고, 회사의 목소리를 다시 고객에게 전달하는 커뮤니케이터가 바로 저였죠. 현재는 아마존코리아에서 한국 기업들이 Amazon.com을 통해 성공적으로 해외 판매를 할 수 있도록 돕는일을 하고 있어요. 마케팅/브랜드 매니저로써 미국에서 엄청난 인기를 끌고 있는 한국의 화장품 기업들과의 파트너십을 책임지고 있지요. 궁극적으로 글로벌 기업의 마케팅 부문을 총괄하는 경영자가 되고자 하는 꿈을 꾸고 있습니다.

Amazon.com 사업개발 팀장
진민규

● 현) Amazon.com 사업개발 팀장
● 전) 라이엇게임즈코리아 커뮤니티팀 팀장
● 전) 구글코리아 Global business manager
● 전) 미래에셋그룹 브랜드전략실 전략기획담당
● 전) 제일기획 국내 광고 기획
　　 / 글로벌 삼성닷컴 콘텐츠 기획
● 연세대학교 신문방송학과 졸업

#IT #게임 #디지털마케팅 #광고 #브랜드전략 #외국계기업

마케터의 스케줄

진민규
마케터의
하루

23:00~07:00
▶ 독서 후 취침

07:00~08:30
▶ 운동 및 출근
8:30~10:00
▶ 메일 확인,
본사와의 컨퍼런스 콜

 NEWS

21:00~23:00
▶ 자료 검토, 기획안 및
보고서 작성

10:00~12:00
▶ 내부 미팅

17:00~18:30
▶ 하루 업무 마무리
18:30~21:00
▶ 업무 관련 저녁약속이
없는 경우 가족과 식사

12:00~13:00
▶ 점심 식사
14:00~17:00
▶ 외부 파트너 미팅,
팀원들과의 1:1 미팅

언론인을
꿈꾸던
고등학생

▶ 대학 졸업식 때 가족과 함께

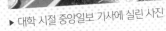
▶ 대학 시절 중앙일보 기사에 실린 사진

▶ 대학 동기들과 함께 졸업 사진을 촬영하며

Question 학창 시절에는 어떤 학생이었나요?

조용한 편이었고, 진로에 대해 특별한 계획은 없었죠. 잘하는 일과 하고 싶은 일이 일치해야 좋은 직업이라고 생각했는데, 내가 무엇을 잘하고 좋아하는지 모르겠더라고요. 생각해보면 어릴 때부터 수학, 과학보다는 책을 읽고 글 쓰는 것을 좋아하기는 했습니다.

Question 고등학생 시절 꿈은 무엇이었나요?

고등학생 때는 언론인이 꿈이었어요. 고등학교 국어 논술 시간에 선생님이 학생들의 생각을 정리해서 발표하도록 자주 기회를 주셨는데, 그때 제 생각을 정리하는 게 정말 재미있더라고요. 신문을 즐겨 읽었고, 독자 의견란에 투고해서 신문에 글이 실린 적이 있을 정도로 언론에 관심이 많았습니다. 그래서 신문방송학과에 진학해야겠다는 생각만 했습니다.

Question 대학 생활은 어떻게 보냈는지 궁금해요.

'젤리트'라는 모임에서 활동했는데, 제가 다니던 영어학원의 동문회였어요. 특이한 모임이죠. 원장선생님이 학생들의 멘토셨어요. 그래서 그 분을 따르던 제자들이 '젤리트'라는 모임을 만들었고, 제가 6기였어요. 다양한 학교와 전공을 가진 사람들이 모여서 여러가지 활동을 했어요. 봄엔 체육대회도 하고, 여름에 자원봉사 활동도 가고, 가을엔 일일 호프도 하며 연극이나 합창 등 공연도 했죠. 그때 저는 전공을 살려서 단편영화도 만들었어요. 지금도 그때 같이 했던 친구, 선배들과 네트워크를 형성하고 있어서 도움을 주고받기도 합니다.

Question 대학 때 학점은 어땠나요?

고등학교 때까지는 공부를 잘 했지만, 대학교 학점은 그다지 중요하지 않았어요. 제가 취업 준비를 할 때에는 학점이나 토익이 합격에 미치는 영향이 크지 않았습니다. 3.0이상이면 됐거든요. 제가 제일기획에 최종 합격했지만 다른 대기업 계열 광고 대행사들은 그들 소속 그룹만의 채용 기준이 있어서 학점이 좋지 않으면 떨어진 경우도 있었어요.

Question 첫 직업을 선택하게 된 과정은 어땠나요?

4학년 때 뒤늦게 광고 수업을 처음 들었는데 광고 기획안을 준비해서 프레젠테이션을 하면서 엄청난 매력을 느끼게 되었어요. 특정 제품에 대해 기획안을 만들어 발표하고 평가받는 것이 너무 재미있더라고요. 그때 한창 대기업에서 인턴을 뽑는 시기였는데, 광고 수업에 푹 빠져 지원 시기를 놓쳤어요. 그래서 무작정 자기소개서에 '나는 크리에이티브한 사람이고 인턴을 하고 싶다.'는 내용을 담아 유명한 광고 대행사 홈페이지에 있는 인사 담당자의 메일로 보냈어요. 그렇게 해서 인턴 생활의 기회를 얻게 되었죠.

뒤늦게 광고 회사 인턴도 하고, 공모전에도 도전하며 광고 기획자와 PD 두 직업을 동시에 준비했습니다. 광고 기획자는 광고를 기획해서 제작·집행하는 것이고, PD는 방송 프로그램을 기획하고 만들어서 집행한다는 점에서 만드는 결과물은 다르지만 유사한 일이라는 생각이 들더군요.

당시 '이것이 내 직업이다.'라는 확신이 없어 광고 대행사와 방송사에 모두 지원했습니다. 제일기획에서 먼저 합격 소식이 날아왔고, 방송사는 시험을 봤지만 잘 안 됐죠. 하지만 그때 방송사에 떨어진 게 아쉽다는 생각은 안 해요. 이후에 세상이 급변하면서 누구나 글과 영상 등의 정보를 인터넷을 통해 공유할 수 있

▶ 대학 광고 수업 PT

게 되면서 언론 환경이 많이 바뀌었잖아요. 또 PD로 지원하면 방송국 내에서 예능, 시사, 교양, 다큐 등 전문 분야를 나눠 한 분야만 다루는 반면, 광고 일은 마케팅이라는 넓은 분야를 다양하게 경험해 볼 수 있어 결과적으로 저에게 잘 맞는 선택이었다고 생각합니다.

마케터가 되는 데 어떤 전공이 유리할까요?

전공은 크게 중요하지 않은 것 같아요. 과거에는 신문방송과나 경영학과 출신들이 유리했는데, 요즘은 오히려 다양한 분야의 전공자들을 선호하기도 합니다.

물론, 대학에서 신문방송학이나 경영학을 전공하면 동종 업계의 선배들이나 회사와 소통하는 측면에서 유리할 수도 있지만, 대학에서 배우는 지식은 제한적이라서 실제와 다른 경우가 많아요. 저는 '공모전이나 인턴에 지원할 때 대학에서 배운 것은 절대 쓰지 마라.'고 조언해요. 마케팅 분야는 너무나 빨리 변하기 때문에 학교에서 배운 것은 현업에서 뒤쳐질 수밖에 없거든요. 또, 회사가 인턴이나 신입사원에게 원하는 것은 창의적인 문제 해결이지, 틀에 박힌 이론을 원하는 것은 아니죠.

대학 교육은 기본 교양의 습득 측면에서 더 중요합니다. 마케터에게는 의사소통능력, 즉 같이 일하는 사람들에게 마케터의 생각을 얼마나 정확히 전달하느냐에 따라 일 진행의 효율성이 달라지거든요. 생각해 보면 대학에 다닐 때 팀원들과 협력해서 보고서를 쓰고, 그룹 과제를 발표했던 것들이 생각을 논리적으로 정리해서 의견을 전달하는 데 큰 도움이 되었습니다.

마케터가 되기 위해 인턴십(Internship) 경험은 도움이 될까요?

중요하다고 생각합니다. 선배의 경험담을 통해 그 분야의 일을 모두 알 수는 없기 때문에 직접 경험해 봐야 합니다. 생각했던 것과는 다를 수도 있어요. 구글에서는 인턴에게 정규직과 같은 일을 시키는데, 제가 케이블 TV 회사에서 일할 때 인턴은 그런 개념이 아니었어요. 거의 조수였죠. 카메라 삼각대를 들고 다니고, 지방으로 촬영갈 때 운전도 하고, 기사를 쓰는 데 필요한 자료를 찾는 것도 했어요. 광고 대행사에서 인턴을 할 때도 마찬가지였는데요. 파워포인트 자료를 만드는 것부터 시작해서 각종 자료 찾는 등 시키는 일은 다해야 한다는 인식이 컸죠.

부모님과 진로에 대한 이야기를 많이 주고받았나요?

저는 솔직히 제 진로에 대해 부모님과 대화를 많이 하지 않았어요. 아버지는 저에게 알아서 결정하라고 하시면서도 경영학을 전공하고 재무 분야 일을 하시다 보니 신문방송학과보다는 취업의 폭이 넓은 경영학과를 더 추천하셨어요. 결과적으로 저는 제가 하고 싶은 분야를 선택했죠.

대학교 때는 선배들의 조언을 많이 들었고, 취업 전에는 이미 취업한 선배들의 이야기를 많이 들었습니다.

▶ 제일기획 대리(AE) 시절

▶ 구글 컨퍼런스에서 발표하는 모습

▶ 구글 글로벌 워크샵 중 동료들과

구글에서
경험을
쌓다

입사후 처음 하게 된 일은 무엇인가요?

삼성그룹 광고 담당 계열사인 제일기획에 광고기획자(AE: Account Executive)로 입사했습니다. AE는 광고 기획에서 제작까지 미디어를 통해 집행하고 모든 단계를 책임지는 사람이에요. 물론 모든 분야를 직접 뛰어다니는 건 아니고 각 매체에서 집행할 때는 각각의 전문가가 있습니다. AE는 이를 기획하고 총괄하면서 영업을 책임지고 돈을 벌어오는 역할도 하게 됩니다.

제가 입사했을 때 모든 기획직 신입사원들은 1년 동안 마케팅본부 소속으로 AP(Account Planer)의 역할을 했습니다. 왜냐하면 기본적으로 전략을 세울 줄 알아야 기획 및 제작도 할 수 있다고 판단하기 때문입니다. AE가 기획 및 제작을 모두 신경 써야 하는 반면, AP는 전략을 세우는 일에 집중하게 됩니다. AP팀의 업무는 크게 2가지였습니다. 가장 큰 일은 경쟁 프리젠테이션의 전략 부분이나 연간 커뮤니케이션 전략을 기획하는 것이고, 다른 하나는 광고주 제품의 소비자 그룹 인터뷰(F.G.I)나 광고 효과 조사와 같은 마케팅 조사를 실행하는 것입니다. 일정 기간 AP팀의 업무를 하고 나면 AP에 남을지 말지를 선택하게 됩니다. 저는 전자·통신 분야의 광고 기획을 하고 싶어 AE로 이동하게 되었어요.

▶ 제일기획 입사

▶ 제일기획 신입사원

AE를 선택한 이유는 무엇이었나요?

전략만 세우는 일보다는 모든 과정을 책임지는 일을 하고 싶었어요. 또 저는 신문방송학을 전공했지만 어렸을 때부터 컴퓨터 등 전자 제품에 관심이 많았죠. 실제 팀별로 보면 광고 업종별로 성비 차이가 확연히 납니다. 여성은 화장품이나 식품과 같은 소비재에, 남성은 전자 제품이나 자동차 등에 관심이 많고, 실제로 해당 업종을 맡게 되는 경우가 많습니다.

 그 후 어떤 업무를 담당했나요?

제일기획 내에서 자원해서 글로벌 인터랙티브팀으로 부서를 한 번 옮겼습니다. 그 이유는 AE를 하면서 디지털을 활용한 인터랙티브 캠페인에 흥미를 느끼게 되었거든요. TV광고와 같이 일방적으로 메시지를 전달하는 것이 아닌 제가 만든 캠페인에 사람들이 참여하여 쌍방향으로 소통하는 것이 좋더라고요. 당시 UCC가 막 떠오르는 시기였는데, 소비자들이 참여할 수 있는 캠페인이 앞으로 광고의 새로운 창구가 될 수 있겠다는 생각도 들었습니다.

또한, 국내 광고 대행사에서는 흔하지 않은 경험을 한 적이 있어요. 바로 삼성닷컴이라는 기업 웹사이트에 올라갈 주요 콘텐츠를 만드는 업무였습니다. 삼성닷컴 사이트는 전 세계 나라마다 언어에 맞게 최적화되어 있었는데, 삼성전자의 모든 제품에 대해 사업부문과 논의해서 제품별로 장점과 특징을 부각시키는 홍보 자료를 작성하여 해외 법인에 전달하였습니다. 해외 법인에서는 그 홍보 자료를 받아 각국에서 커스터마이즈  (현지 상황에 맞게 설정이나 기능 등을 변경하는 것)하는 것이죠.

제일기획 이후 미래에셋으로 이직을 하셨다고요?

제일기획에 다니면서 큰 프로젝트의 일을 할 수 있었지만 콘텐츠 하나하나를 고민하는 것보다 좀 더 높은 차원에서 기업의 브랜드 전략을 세우는 일을 해 보고 싶었습니다. 그래서 투자전문그룹인 미래에셋으로 이직을 하게 되었습니다. 그룹과 계열사의 브랜드 전략 수립을 담당하는 브랜드 전략실에서 특히 온라인 브랜드 전략을 담당하였습니다. BRICs(브라질(Brazil)·러시아(Russia)·인도(India)·중화인민공화국(China)을 통칭하는 말)등 신흥 시장에 대해 최고 전문가 집단의 인사이트를 인포그래픽화하여 쉽게 받아보고 소셜미디어로 공유할 수 있는 앱을 제작하기도 하고, 그룹 계열사들의 프리미엄 브랜드 전략을 세우고 브랜드를 런칭하는 일도 담당했습니다.

미래에셋에서의 경험이 기업 브랜드 전략을 세우거나 마케팅의 큰 그림을 그려 볼 수 있다는 장점이 있었던 반면, 금융업에서는 마케팅의 역할이 생각만큼 기업의 운명을 좌우하지 않다 보니 제 역할에 대한 고민이 있었습니다. 그때 마침 삼성전자를 담당할 때 같이 일했던 고객이 구글에서 채용 중이던 전자 업종 Industry Manager에 추천을 해주어 지원했고, 합격하여 이직했습니다.

구글에서는 어떤 일을 하셨는지 궁금해요.

많은 분들이 구글이라는 기업이 어떤 서비스를 제공하는지는 잘 알고 있지만 어떻게 비즈니스를 운영하는지는 잘 모르는 경우가 많아요. 구글 매출의 대부분은 Google.com, YouTube, GDN 등의 검색/비디오/디스플레이 광고에서 발생합니다. 제가 근무했던 전략광고주 사업본부에서 하는 일은 한국 광고주들이 이 같은 구글의 플랫폼을 효과적으로 잘 활용할 수 있는 디지털 마케팅 전략을 컨설팅해드리고 효율적인 운영을 돕는 일이었어요.

처음에는 LG전자의 글로벌 검색 광고를 주로 전담했습니다. 국내 포털 사이트의 경우 검색하면 광고가 너무 많이 뜨기 때문에 소비자들에게 도움이 안 된다는 부정적 인식이 강한

데, 구글은 검색 광고도 유용한 정보여야 한다는 철학을 가지고 있습니다. 그래서 글로벌 기업들도 디지털 마케팅에서 검색 광고를 기본으로 생각하고 있고요.

많은 기업들은 연령대, 성별에 따라 소비자가 어떤 정보를 검색하는지 궁금해 합니다. 이 같은 정보들에 대해 구글은 수집 및 분석이 가능하지만 사용자들의 개인정보이기 때문에 이 검색 정보를 판매하지는 않아요. 대신 '구글트렌드'라는 서비스를 통해 키워드를 입력하면 국가별·기간별 관심도 변화에 대한 정보를 제공하고 있습니다. 이와 같은 정보들을 바탕으로 각 기업들의 비즈니스 목표에 맞는 디지털 마케팅 솔루션을 제공하는 일들을 했었습니다.

그러던 중 2012년부터 유튜브가 급속히 성장하기 시작했습니다. 유튜브는 사람들의 동영상 소비습관을 바꾸고, TV 광고를 대체할 수 있는 상당히 매력적인 광고 플랫폼으로 진화했고, 제 업무도 유튜브 중심으로 많이 바뀌었습니다.

▶ Google APAC 신입직원 교육

▶ Google 유튜브 컨퍼런스

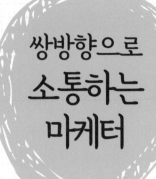

쌍방향으로
소통하는
마케터

▶ 뉴욕 출장 중 동료들과 함께.

▶ 라이엇게임즈 LoL 월드 챔피언십

▶ 쌍방향으로 소통하는 마케터

마케팅 꿈꾸는 학생들에게 마케팅을 소개한다면?

흔히 마케팅하면 멋진 광고를 만드는 것이나 소비자의 시선을 압도하는 판촉 행사를 기획하는 것, 혹은 제품을 화려하게 디자인하는 것을 떠올리는 경우가 많죠. 쉽게 말하자면, 마케팅은 소비자들의 요구를 파악해서 제품이나 서비스를 기획하고 상품화하여 출시하고 판매하며, 판매 이후에도 소비자들의 반응을 분석해서 다시 새로운 제품에 반영하는 과정 전반을 관리하는 것입니다.

마케터가 갖춰야 할 자질이나 요건은 무엇인가요?

마케터에게 중요한 자질은 '창의력'과 '분석 능력'인 것 같아요. 저는 '창의력'은 기본 이고, 더 중요한 것은 '분석 능력'이라고 생각합니다. 멋있는 캠페인으로 인기를 얻는 것도 중요하지만 광고 기획자나 마케터에게는 궁극적으로 매출을 높이는 게 가장 중요하거든요. 제일기획에서는 '광고기획자(AE)는 Account Excel이고, AP는 Account PowerPoint다.'라는 농담이 있는데요. 광고를 만들기 전에 견적을 내거나 미디어를 집행할 때, 계획을 짜고 예상 효과를 예측할 때 엑셀 프로그램을 사용하거든요. 엑셀로 작업하는 건 다 숫자와 관련되어 있으니 그 정도로 매출을 중요시한다는 얘기죠. 특히 TV광고는 매출과의 상관관계를 파악하기 쉽지 않은데, 디지털 마케팅은 매출로 바로 나와야 합니다. 이런 논리적인 분석 능력은 현장에서 배울 수 있다고 생각해요.

Question 라이엇게임즈에서 맡았던 업무에 대해 소개해 주세요.

라이엇게임즈는 한국 내에서 3년째 PC방 게임 점유율 1위를 차지하고 있는 리그오브레전드(LOL)라는 게임을 한국에 서비스하고 있는 회사로, 본사가 미국에 있는 미국 회사입니다. 아직은 출시된 게임이 리그오브레전드 한 가지뿐이지만 그 게임이 전 세계적으로 크게 사랑받고 있습니다.

라이엇게임즈코리아는 한국의 플레이어들이 게임을 더 재미있게 즐길 수 있도록 다양한 활동들을 하고 있습니다. 게임 업계에서는 마케팅 본부를 퍼블리싱 본부라고도 하는데, 라이엇게임즈의 경우 퍼블리싱 본부가 마케팅팀과 커뮤니티팀으로 나뉘어 있습니다. 그 중에 저는 커뮤니티팀 팀장을 맡았었습니다.

커뮤니티팀의 업무는 크게 2가지로 나눌 수 있는데요. 하나는 리그오브레전드 게이머를 위한 공식·외부 온라인 커뮤니티 사이트를 운영하는 것입니다. 그곳에 게이머들이 자유롭게 게임에 대한 의견을 올리면, 바로 수집·분석해요. 게임에 반영할 사항이라고 판단되면 사내 담당 부서로 문제점과 개선안을 전달하기도 하지요. 다시 말해 고객의 목소리를 회사에 전달하고, 회사의 목소리를 다시 고객에게 전달하는 커뮤니케이터의 역할이 우리 팀의 주요 업무입니다.

또 다른 하나는 페이스북, 인스타그램, 유튜브와 같은 소셜미디어(SNS)를 통해 게임 업데이트 등의 정보나 게임의 에피소드를 소재로 소소한 재미를 주는 콘텐츠들을 만들어 게임을 알리는 홍보물을 제공합니다.

현재 아마존 코리아에서 맡고 있는 업무에 대해 소개해 주세요.

아마존은 아직 한국에는 온라인 쇼핑몰 아마존닷컴을 운영하고 있지 않습니다만, 한국의 기업들이 미국, 일본, 유럽의 아마존닷컴에 입점하여 새로운 시장을 개척하고 사업을 성장시키실수 있도록 지원해드리는 사업을 2015년 초부터 해오고 있습니다. 그 중에서도 저는 한국의 제조업 기업들, 특히 이미 해외에서 엄청난 사랑을 받고 있는 한국의 화장품 기업들과 B2B 기업들의 아마존을 통한 미국 진출 전략을 컨설팅해드리고, 입점 및 마케팅을 지원해드리는 팀을 맡고 있습니다.

기존에는 해외 시장에 진출하기 위해서는 직접 해외에 지사를 세우고 현지에 영업 인력을 채용하여 오프라인 유통망을 찾아가서 제품을 입점시키거나, 국내의 종합 상사들에 제품을 넘기고 그들이 대신 팔아주도록 부탁하는 방법밖에 없었습니다. 하지만 이제는 아마존닷컴에 계정을 만들고, 상품 정보를 등록하고, 아마존의 물류/배송 서비스를 이용하여 최종 소비자에게 직접 배송하는 것만으로도 쉽게 해외 시장에 진출할 수 있게 되었습니다.

기존에 제가 제일기획이나 구글에서 했던 일이 소비자들이 제품과 브랜드를 알게 하고 구매를 하고 싶게 만드는 디지털 마케팅이었다면, 지금 아마존에서 하는 일은 실제로 해외 시장에 진출하고 성공적으로 마케팅을 하여 온라인 쇼핑몰에서 최종적으로 매출을 낼 수 있도록 도와드리는, 디지털 마케팅의 마지막 단계라고 볼 수 있습니다.

마케터로서 보람을 느꼈던 적이 있나요?

광고주들에게 구글의 솔루션을 활용하여 어떻게 광고를 할지 최근에 'Digital Marketing Summit 2016'이라는 컨퍼런스에서 '소비자와 함께 제품 및 브랜드를 만들어가는 커뮤니티 마케팅'이라는 주제로 강의를 했는데요. 우리나라에서 아직은 생소한 커뮤니티 마케팅을 소개하면서 마케팅 영역이 어떻게 진화하고 있고, 라이엇게임즈는 이를 어떻게 활용하고 있는지를 다른 마케터들과 공유할 수 있어서 개인적으로 보람 있는 시간이었습니다. 또 강의를 준비하면서 그 동안 라이엇게임즈에서 해온 일들을 다시 한번 정리해 볼 수 있는 기회도 되었고요.

Question 디지털 마케팅이 얼마나 중요한가요?

아직은 TV 광고, 인쇄 광고, 오프라인 광고 등 각 분야의 전문가가 나누어져 있지만, 저는 머지않아 이 경계가 무너질 거라고 생각해요. 이제는 모든 마케터가 디지털 마케팅을 알아야 한다는 거죠. 아직 우리나라에서는 디지털 플랫폼이 마케팅의 중요한 영역이라는 인식이 낮지만, P&G와 같은 외국계 기업들에게는 벌써부터 디지털 마케팅이 필수 요소로 자리 잡고 있어요.

디지털 마케팅의 가장 큰 차이를 보여 주는 예가 구글에서 최근 진행한 '아트 카피 코드'라는 캠페인이에요. 기존 광고 대행사의 제작팀은 크게 아트디렉터와 카피라이터로 나뉘어 일을 합니다. 아트디렉터는 멋있는 영상이 나올 수 있도록 비주얼을 만드는 사람이고, 카피라이터는 슬로건과 같은 메시지를 만드는 사람이죠. 여기에 '아트 카피 코드' 캠페인에서는 코드라이터라는 개발자가 추가되는데, 그 이유는 디지털상에서 어떤 식으로 소비자들의 경험을 만들지에 대한 고민이 충분히 되어야 디지털에 최적화된 마케팅을 할 수 있다는 것 때문입니다.

또한, 두 가지의 광고 문구를 보여 주고 어떤 광고를 봤을 때 실제 구매와 연결되는지 테스트도 많이 해 봅니다. 광고 문구뿐만 아니라 영상의 색깔 차이에 따라서도 결과는 달라지지요. 유튜브 광고의 경우 여러 가지 버전을 제작해서 '어떤 비디오를 사람들이 더 열심히 보는가? 또 끝까지 보는가?'를 테스트해 봅니다. 이 같이 다양한 테스트를 통해 소비자들의 인사이트를 알 수 있어 TV광고보다 상대적으로 저렴한 비용으로 더 효율적인 광고를 만들 수 있게 됩니다.

 **디지털 환경이 마케팅의 변화에 영향을 미쳤나요?**

실제로 많은 영향을 미쳤다고 생각합니다. 제가 특히 커뮤니티에 관심을 갖게 된 이유는 마케팅을 기존처럼 기업에서 일방적으로 진행하는 것보다 소비자가 원하는 것이 무엇인지 알고 제품 및 서비스에 반영하는 쌍방향적인 소통이 훨씬 효과적일 거라는 생각이 들었기 때문이에요. 바로 디지털이 이를 가능하게 해 주었죠. 브랜드 커뮤니티를 통해 바로 소비자의 생각을 읽을 수도 있고, 구글 트렌드의 검색을 통해서도 확인할 수 있어요. 예를 들어, 사람들이 구글에서 '제네시스 뒷좌석'을 많이 검색한다면, 제네시스를 사는 사람들이 그만큼 뒷좌석의 기능에 관심을 갖고 차를 선택하는 데 중요하게 생각한다는 것을 예상할 수 있죠. 현대자동차나 기아자동차에서는 이 같은 정보를 바탕으로 제품 개발에 반영하게 됩니다.

앞으로 소비자들이 제품을 결정할 때 기존의 4대 광고 매체(TV, 라디오, 잡지, 신문)보다 그 외의 매체가 미치는 영향력이 더 클 것이고, 그런 시장 변화에 대비해야 한다는 생각을 하고 있어요. 마케터가 소비자의 인사이트와 급변하는 광고 플랫폼의 특성을 바르게 파악하여 제품을 개발하는데 정보를 줄 수 있다면, 큰 돈을 들여 광고를 하지 않아도 대박을 터트리는 제품을 만들 수 있다고 생각해요. 그것으로 마케터의 역량을 평가받겠지요.

 자기계발을 위해 어떤 노력을 하시나요?

마케터는 시장의 변화를 감지하고 트렌드를 선도하기 위해 노력해야 합니다. 전에는 주로 책을 읽으면서 공부했다면, 요즘은 제 블로그에 글을 쓰면서 의도치 않게 공부를 하고 있어요. 남을 가르치기 위해서는 더 많은 공부를 해야하듯, 블로그에 글을 올리기 위해 더 많은 자료를 찾아보다 보니 공부가 되더라고요. 블로그에 찾아오신 분들이 글을 읽고 많은 도움이 되었다고 하면 보람도 느껴지고요.

Question 앞으로의 목표는 무엇인가요?

저는 궁극적으로 글로벌 기업의 CMO(Chief Marketing Officer: 기업의 마케팅 부문의 전체를 총괄하는 경영자)가 되고 싶어요. 이를 위해 저는 구글이라는 디지털 마케팅 플랫폼의 진화를 주도하는 세계적인 기업에서 광고 솔루션 세일즈를 담당하며 디지털 마케팅 트렌드를 이끄는 경험을 했습니다. 그리고 아마존 코리아에서는 디지털 마케팅의 마지막 단계인 이커머스(eCommerce)를 글로벌 시장에서 성공적으로 수행하기 위한 전략을 국내 기업들에게 제시하고 있습니다.

어린 시절부터 무엇인가 만들고 즐기는 것이 좋아 방송국 PD가 되는 것이 꿈이었습니다. 대학에서는 자신만의 시각으로 많은 사람들의 삶을 더 풍요롭게 만들 수 있는 예술인 문학에 관심을 갖고 국어국문학을 전공했어요. 대학을 졸업할 즈음 무엇을 하면 평생 행복하게 살 수 있을 것인가를 고민하다가 나의 장점과 가치관을 펼칠 수 있는 마케터라는 일을 운 좋게 만나게 되었죠. 아모레퍼시픽에 입사한 후 지금까지 10년 이상 한 회사에서 브랜드 전략, 유통, e-biz 등 다양한 직무를 경험했습니다. 마케터는 기획부터 판매까지 관여해야 일이 많아 책임도 크지만, 제품이 시장에 나왔을 때 느낄 수 있는 기쁨과 즐거움은 어디에 견주지 못할 만큼 큽니다. 그 제품을 통해서 소비자들에게 또 다른 삶의 가치를 제공해 줄 수 있다는 점에서 기쁨을 느낍니다.

아모레퍼시픽 e-마케터
이종욱

- 현) e커머스 비즈니스 담당
- 메디안/송염 브랜드 매니저
- 유통 비즈니스 담당
- HBO 전략 기획 담당
- 아모레퍼시픽 입사
- 홍익대학교 국어국문학과 졸업

#뷰티 #유통 #브랜드매니저(BM) #브랜드전략 #e-커머스

마케터의 스케줄

이종욱
마케터의
하루

늦은 밤
▸ 익일 기사 작성 준비 및 보고

아침
▸ 현재 상황에 대한 고민담기
 / 고객, 경쟁사, 자사 분석
▸ 신제품 개발 회의 소집

저녁
▸ 판매 관리
▸ 고객 클레임 관리

오후
▸ 드디어 제품 탄생
▸ 제품 알리기

내 삶을
풍요롭게
해준 문학

▶ 표지판처럼 점프!

▶ 풋풋했던 유년기

▶ 인라인 스케이트를 타던 한 때.

어린 시절 꿈은 무엇이었나요?

고등학생 때까지는 방송국 PD가 되는 것이 꿈이었습니다. 노래나 음악, 그림같이 무언가를 만들어 내는 것에 관심이 많았는데, 여러가지 분야의 것들을 방송 콘텐츠로 만들어 낸다는 것에 큰 매력을 느꼈던 것 같아요.

부모님께서는 저를 피아노나 서예 학원은 보내셨지만, 제가 원하는 것을 하기를 응원하셨습니다.

학창 시절은 어땠나요?

학교에서는 마냥 조용한 성격은 아니었어요. 친구들과 어울리는 걸 좋아해 여기저기 기웃거리기도 하고, 사고도 많이 쳤죠. 수업 시간에는 교과서의 빈 부분에 선생님이나 친구들의 얼굴 등을 그리며 딴짓을 하기도 했는데, 그림 실력 덕분에 반 친구들의 캐리커처를 교내 문예지에 싣기도 했습니다.

한번은 시인 김광섭의 '성북동 비둘기'를 패러디한 '성북동 바퀴벌레'란 글이 우연히 국어 선생님의 눈에 들면서 공부 잘하는 모범생들이나 들어간다는 교지 편집부에 특채로 들어가는 행운을 얻기도 했어요. 물론 그곳에서 지루하게 오랜 시간을 교장, 교감 선생님 훈화말씀의 오탈자를 체크하는 데 보내긴 했지만 말이죠.

대학 시절 무엇을 전공하였나요?

전공은 국어국문학이었습니다. 특별히 어떤 직업을 선택해야겠다는 생각은 없었지만 문과생들이 대부분 지원하는 경영학보다는 순수 학문을 선택하는 것이 어떨까 싶었고, 운 좋게 합격하여 4년을 공부했습니다. 물론 타고난 게으름 덕분에 남들처럼 취업을 위한 부

전공은 꿈도 못 꾸었지요. 하하.

저는 어학보다는 문학을 더 좋아했습니다. 잘은 모르지만, 문학이라 일컫는 대부분의 창조적 예술 활동은 팍팍한 현실적 삶을 보다 풍요롭게 만들어 준다고 믿었기 때문입니다. 지금도 마찬가지이고요. 학사 논문도 현대 문학에 관련된 내용으로 썼죠.

Question 진로에 대한 고민도 있었나요?

학교 밖에서도 여러 형태의 배움이 있었는데요. 그 중 하나는 매해 여름 진행된 농촌 봉사 활동이있습니다. 다앙한 사람들을 만났고, 이런 저런 주제로 이야기를 하면서 이전엔 제가 알지 못했던 사회적 문제들을 깨닫게 되었는데요. 그런 경험들이 '앞으로 어떻게 살아야 하지?' 하는 생각의 시발점이 된 셈입니다.

그래서 '어떻게 살 것인가'라는 질문을 스스로에게 하며 책도 여러 권 읽었는데요. 결국은 내가 하고 싶은 것이 무엇인지, 나는 무엇을 할 때 가장 행복한지를 알아내는 것이 진로 선택에 있어서 제일 중요하다는 생각이 들었어요. 그래야 그 일을 오래도록 할 수 있고, 행복한 삶을 살 수 있을 거라 생각해요.

Question 전공이 마케터라는 직업과 거리가 멀어 보이는데요?

현재의 직장에 들어가기 전까지 저도 무척 많은 곳에 입사 지원서를 넣었습니다. 지금만큼은 아니지만 당시에도 취업하기가 쉽지는 않았거든요. 아무튼 운 좋게 아모레퍼시픽에 입사를 했고, 1년 정도 영업지원팀에서 근무를 하고난 뒤, 오랄 케어 제품인 메디안 · 송염의 브랜드 매니지먼트팀에 들어가게 되었습니다.

신입사원이다 보니 모르는 것들이 너무 많았고, 전공자가 아니었기 때문에 낯선 개념들도 한 두가지가 아니었습니다. 그러다 보니 주변 선배들의 도움을 통해 관련 책도 읽고, 외부 교육이나 세미나에도 참석하면서 마케팅에 대해 공부했죠. 그때 '브랜드마케팅이란 것은 정말 매력적인 분야구나.'라는 것과 '이건 도무지 책만으로는 완벽하게 배울 수 없는 어려운 분야로구나.'하는 걸 깨달았습니다.

Question | 마케터가 되는 데 어떤 전공이 도움이 될까요?

요즘은 마케터를 뽑을 때 관련 전공자로 자격 제한을 두지는 않습니다. 과거에는 경영학과 출신들이 주류였지만, 최근에는 문화 전반에 걸쳐 감각이 뛰어난 사람을 선호하는 편이에요. 분석과 통계도 중요하기 때문에 소비심리학과나 통계학과 출신들을 채용하기도 합니다.

사람들의
욕망을 읽는
마케터가
되다

▶ 브랜드 홍보를 위한 잡지광고

▶ 미장센 런칭 세미나(2010)

▶ 오랄 케어 브랜드 매니저 당시 - 어린이 양치교실 운영 중

제가 처음 일을 시작한 곳은 '오프라인 유통 비즈니스'를 담당하는 부서였습니다. 우리가 알고 있는 이마트나 홈플러스 같은 대형마트의 생활용품들을 판매하고 관리하는 역할이었죠. 그 당시만 해도 대부분의 물건들을 매장에서 직접 구입했습니다. 하지만 요즘에는 대부분의 생활용품을 온라인으로 구입을 합니다. 무거운 생수나 부피가 큰 기저귀는 말할 것도 없고요. 그만큼 배송이나 구매 방식도 빠르고 쉬워져 편리해진 것이죠. 이렇듯 디지털 시대가 우리에게 제공해 주는 편리함이라는 것은 정말이지 상상 초월입니다. 스마트폰 하나만 있으면 음식에서부터 여행 상품까지 구매할 수 있고, 세계 여러 나라에서 일어나고 있는 일들을 내 손 안에서 편하게 들여다 볼 수 있습니다. 세상이 변하고 있지만 사람들이 바라는 것은 크게 변하지 않았습니다. 오히려 더 분명해졌죠. 더 아름다워지고, 더 건강해지고 싶다는 바람 같은 것 말이죠.

브랜드매니저(BM)를 담당했을 때도 마찬가지 입니다. 사람들의 욕망을 읽어 내는 것이지요. 어떤 제품을 만들 것인가의 고민 이전에는 '사람들은 어떤 고민이 있고, 어떻게 하고 싶어 할까?'에 대한 생각이 필요합니다. 웃을 때 치아가 드러나게 웃고 싶다는 생각을 하는 사람에게는 누런 치아를 희게 해주는 미백 치약과 칫솔을, 누군가를 급하게 만나야 하는데 마쳐 양치질을 못한 사람에게는 구취를 제거해 주고 개운한 느낌을 주는 마우스 워시를, 맛있는 음식을 먹고 싶은데 잇몸이 좋지 않아서 고민인 사람들에게는 치주 질환을 개선해 주는 잇몸 치약과 칫솔을 제안하는 것이죠.

현재는 아모레퍼시픽에서 생활용품 관련된 디지털 비즈니스를 담당하고 있습니다. 온라인상에서 판매되는 상품들이 어떻게 하면 사람들에게 더 많이 알려지고, 더 많이 팔릴 수 있을까를 고민하고 있어요.

Question 화장품 회사라서 좋은 점은 무엇인가요?

다양한 종류의 화장품들을 두루 써볼 수 있다는 것과 신제품을 다른 사람보다 먼저 경험할 수 있다는 것이겠죠. 그렇다고 모든 화장품을 공짜로 사용할 수 있다는 의미는 아니고요. 하하. 아무래도 제품을 만드는 회사이다 보니, 내부 직원들을 대상으로 신상품을 테스트하기도 하고, 파우치나 견본품을 제공하며 다양한 의견을 듣기도 하지요.

화장품 회사라 여성의 비중이 높을 거라고 생각하시는 분이 많은데, 영업이나 지원 부서에는 남성들이 많은 편이고 마케팅, 디자인과 같은 부서에는 아무래도 여성이 많은 편입니다.

Question 학생들이 갖는 마케터에 관한 오해가 있나요?

브랜드매니저 혹은 마케터 하면 보통 광고의 영역에서 일하는 사람들로 생각하는 경우가 많은 것 같습니다. 하지만 실제로 마케터는 그보다 좀더 넓은 범위에서 일하는 사람을 말하는데요. 겉으로 보이는 크고 화려한 부분만으로 마케터를 바라보는 것은 위험할 수 있습니다. 생각보다 마케터는 작고 세밀한 부분에 있어서 탁월해야 하는 경우가 많기 때문이죠.

Question 마케팅 분야는 어떻게 나누어지나요?

마케팅도 직무와 역할이 많이 세분화되어 있습니다. 직접적으로 홍보를 하는 영업부도 있고, 상품을 기획해서 만들어내는 브랜드매니저도 있고, 다양한 유통 채널에 최적화된 트레이드 마케터도 있습니다. 또 제품을 여러 채널에 알려야 하는 마케팅 커뮤니케이션팀 내에서도 TV, 잡지, 온라인 광고 등 분야가 세분화되어 있습니다.

마케터의 일은 어떤 과정을 거쳐 진행되나요?

출근해서 가장 먼저 하는 것은 전날까지의 상품의 판매량을 체크하는 것입니다. 그리고 생각보다 판매가 저조한 곳이 있다면 어떤 문제가 있는지 점검하고 어떻게 문제를 해결할지 고민을 하지요. 시장 점유율 등 각종 데이터도 참고합니다. 현재 우리 회사의 제품이 시장에서 어느 정도의 위치인지 파악하고 있는 것이 가장 중요한 부분이죠.

신상품을 기획하고 개발하고, 론칭하고, 관리하는 데 정해진 원칙이 있는 것은 아니지만, 통상적으로 다음과 같은 과정을 거칩니다. 우선 기획 단계에서는 상품의 콘셉트와 기능에 대해 과연 소비자들이 어떻게 생각하는지 확인해 보는 것이 중요합니다. 소비자 조사를 통해 사람들의 의견을 알아볼 수 있는데, 내용물 품평도 그중 하나의 방법입니다. 향이 좀 다르거나, 사용감이 다른 것들을 직접 써 보면서 사람들의 선호도를 파악해 볼 수 있습니다.

상품이 출시되면 이 상품을 어떻게 알릴 것인지, 어디서, 얼마에 판매할 것인지 결정해야 하는데요. 비용이 한정되어 있기 때문에 여러 가지 관점에서 고민해 봐야 합니다. 많은 사람들에게 널리 알릴 것인지, 아니면 특정한 사람들에게만 깊이 있게 알릴 것인지 말이죠. 어디서 판매하면 좋을지도 생각을 해야 합니다. 많은 사람들이 찾을 수 있는 할인점에서 저렴하게 판매할 것인지, 백화점에서 비싸면서 고급스럽게 판매할 것인지를요.

이렇게 생각해 보면, 마케터가 하는 일은 한정된 자원을 어떻게 분배할지 결정하고, 판매 채널을 결정하고, 가격을 결정하고, 목표를 결정하고 등등 수많은 결정을 거듭하는 것 같습니다. 덕분에 머리가 아프고, 고민거리도 많지만, 다양한 결정을 통해서 무언가 새로운 것을 만들어 간다는 기쁨과 성취감이 있습니다. 이런 점이 바쁘고 고되긴 해도, 마케터가 가진 매력이지 않나 싶어요.

기억에 남는 프로젝트가 있나요?

　프로젝트라기보다는 마케팅을 하면서 사람의 심리에 대한 재미있는 점을 발견한 적이 있는데요. 바로 사람은 자신이 생각한대로 보고 느낀다는 것입니다. 가령 똑같은 재질의 약간 부실한 칫솔을 만들어서 하나는 1천 원, 하나는 5천 원이라 말해 주고, 사람들에게 사용도록 합니다. 부실한 칫솔대는 양치 도중에 부러지기도 하죠. 그 때 1천 원짜리라고 말해 준 칫솔을 사용한 사람들은 '이게 역시 싸구려라 이렇게 잘 부러지는구나.'라고 생각하고,

5천 원짜리라고 말해 준 칫솔을 사용한 사람들은 '아 내가 힘을 좀 세게 주어 사용했나 보네.'라고 생각 한다는 것입니다. 같은 품질의 상품인데도 다르게 느끼고, 받아들이는 것은 사람의 뇌가 언제나 객관적이지 않다는 반증인데요. 결국 마케터는 이러한 사람들의 특성을 잘 이용해서 자신의 상품을 비즈니스 관점에서 좀 더 유리하게 만드는 것이 필요합니다.

▶ 마케터의 책상

▶ 독일 칫솔 회사 엔지니어 Mr. CAN과 함께

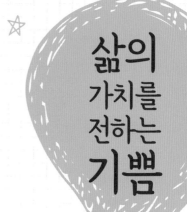

삶의 가치를 전하는 기쁨

▶ 고교/대학 친구들과의 밴드공연

▶ 미국 시장조사 중 월스트리트에서

▶ 인도시장 개척 시장조사 중 타지마할 앞에서

마케터는 어떤 자질을 갖추어야 하나요?

　마케터로서의 역할은 브랜드매니저를 할 때뿐만 아니라 영업 활동이나 전략 업무를 할 때도 필요하다고 생각합니다. 내가 관리하는 상품이 어떻게 하면 더 많이, 더 오래 판매될 수 있을지를 고민하는 것이 궁극적인 마케팅이라 여기기 때문인데요. 그래서 내가 하고 있는 일이 어떤 가치를 갖고 있는지를 생각하는 것은 너무나도 중요한 부분이 아닌가 싶습니다.

　기본적으로 마케팅을 하려면, 사람들이 어떤 생각을 하고 있고 무엇에 반응하는지 관심을 가져야 합니다. 그래서 브랜드 담당을 할 때는 드라마나 영화를 많이 보며 트렌드 안에서 사람들의 심리를 발견하려고 합니다. 끊임없이 대중들이 향하는 곳을 바라보고, 유행하는 현상의 원인을 찾아 분석하는 습관은 강박 아닌 강박이 되어 삶이 좀 피곤하기도 하죠. 하지만 타고난 호기심과 적극성 덕분에 즐겁게 일하고 있습니다.

　그리고 마케터는 결국 설득하는 사람입니다. 대량 생산을 하는 데 유리한 디자인을 원하는 공장의 의견과 상품의 아름다움을 극대화하기 위한 용기 디자이너의 의견을 최대한 존중하면서 협의를 이끌어 내는 과정이나, 당장의 판매를 위해 가격 할인을 해야 한다는 영업의 관점과 그럼에도 상품이 가진 가치를 위해서는 가격 할인은 할 수 없다는 브랜드의 관점을 조정하는 과정에는 소통 능력 역시 중요하죠.

스트레스 해소 방법이 있나요?

　전에는 동네 친구들과 밴드를 했는데 다들 먹고 살기 바빠지면서 모이기가 힘들어졌어요. 노래 부르는 것을 좋아해 점심시간에 동료들과 가끔 노래방에 가기도 하고, 출퇴근길 운전하면서 혼자 시끄럽게 노래 부르기도 하죠. 생각보다 스트레스 해소에 효과적이더라고요. 하하. 취미는 그게 무엇이든 보다 풍성한 삶을 위해 중요한 것 같아요. 매력적인 마케터에게 매력적인 취미 하나 정도 있다면 어떨까요?

Question 이종욱님의 10년 뒤의 꿈은 무엇인가요?

10년 후에도 제가 이 일을 계속 할 수 있을지 고민을 합니다. 지금 나에게 중요한 게 무엇인지 생각하죠. 그러나 분명한 것은 자본주의 사회에서는 독립된 생산 수단을 갖는 것이고, 무엇이 내 가치에 좀 더 부합하는지에 대해서 조직 안으로나 밖으로나 고민하고 있습니다.

Question 마케터라는 직업을 추천하나요?

물론입니다. 관할해야 할 분야가 넓어 업무량이 많지만, 최종적으로 제품이 나왔을 때 느낄 수 있는 기쁨과 즐거움은 어디에 견주지 못할 만큼 큽니다. 그 제품을 통해서 소비자들이 아름다워지고, 멋있어지고, 건강해지는, 또 다른 삶의 가치를 제공해 줄 수 있다는 점에서 기쁨을 느끼죠. 누군가에게 도움을 줄 수 있다는 점이 마케터로서의 보람이라고 할 수 있겠네요.

Question 마케터를 꿈꾸는 학생들에게 조언 한마디 해 주세요.

자신의 주변에서 일어나는 일들에 관심을 갖는 것이 좋습니다. 신문이나 TV, 책, SNS 등을 통해 사람들의 관심이 어디로 향하고 있는지를 아는 것은 다양한 트렌드를 파악하는 데 무척 도움이 되거든요. 그리고 그 정보들을 누군가와 나눠보세요. 다른 사람과 대화 하거나 SNS를 통해 이야기를 하다 보면, 다양한 생각을 가진 사람들과 소통할 수 있는 능력이 길러질 것입니다.

영화 〈인디아나 존스〉를 좋아했고, 삼국사기와 만화 삼국지를 좋아하던 소년은 방송국에서 근무하시던 아버지 덕분에 자연스럽게 방송 콘텐츠에 관심을 가지게 되었습니다. 대학 시절, 미디어 회사에서의 대외 활동을 통해 마케터와 PD가 하는 일에 대해 어렴풋이 알게 되었고, 지금까지 미디어 분야에서 일하게 되었네요. CJ E&M에서 tvN 콘텐츠마케팅을 담당하며 〈푸른거탑〉, 〈꽃보다 여행〉 시리즈, 〈삼시세끼〉 등을 알리는 일을 했고, YG엔터테인먼트에서 아티스트 중심으로 일했습니다. 다른 사람들과 함께 웃고, 훌륭한 마케터로 인정받으며 사회에 선한 영향력을 끼칠 수 있는 일을 하고 싶어요.

현재는 아파트멘터리 마케팅 이사로서 집을 고치고 꾸미는 행위가 어렵고 복잡한 것이 아닌, 생활 속에서 누구나 즐길 수 있는 문화임을 전파하고자 합니다. 그 공간이 삶을 아름답게 바꾸는 모습을 기록해 나가고 있답니다.

아파트멘터리 마케팅 이사
이승준

- 현) 아파트멘터리 마케팅 이사
- 전) YG엔터테인먼트 콘텐츠 기획 팀장
- 전) CJ E&M tvN 마케팅
- 한국외국어대학교 법학과 졸업

#엔터테인먼트 #미디어 #콘텐츠마케팅 #스타트업

마케터의 스케줄

이승준
마케터의
하루

CJ E&M 콘텐츠마케터 당시 하루 일과랍니다

00:00~08:00
▸ 취침

08:00~09:00
▸ 운동 및 아침 식사 후 출근

10:00~12:00
▸ 당일 업무 확인, 미팅 스케줄 확인, 시청률 분석, 페이스북 페이지 등 SNS 확인, 주요 포털 기사 확인 등

12:00~13:00
▸ 점심시간

13:00~19:00
▸ 제작진 회의, 홍보팀 및 편성팀 회의, 디자인 미팅, 포스터 기획 및 촬영, 판촉물 업체 미팅, 콘텐츠 시사, 포털 제휴 미팅 등

19:00~23:00
▸ 운동, 휴식, 독서 및 인적 네트워크 관리

미디어를
통해 세상을
보다

▶ 멋진 프로필 사진

▶ 송창의 PD님과 함께

학창시절에는 어떤 학생이었나요?

세계사와 국사 과목을 좋아해서 중학교 다닐 때 꿈이 고고학자였어요. 그래서 영화 〈인디아나 존스〉를 좋아했고, 삼국사기와 만화 삼국지를 많이 읽었어요. 또 문학 중에서도 시를 좋아했죠. 신기하게도 콘텐츠 마케팅을 하다 보면 이런 지식들이 재미를 주는 웃음 포인트로 활용됩니다.

노는 것, 앞에 나서는 것을 좋아하는 성향이다 보니 중고등학교 다닐 때는 줄곧 반장을 맡았어요. 반장이 되어서도 '다른 반이 뭘 하면, 우리는 다른 거 하자.'라는 식으로 새로운 것을 시도하는 학생이었어요. 하지만 뚜렷한 목표도 없었고 집안 사정도 어려워져서 고등학교 다닐 때는 공부에 신경을 덜 쓰게 되었죠. 방황을 좀 하다 보니 대학교도 제때 진학하지 못하고 또래들보다 꽤 늦게 진학하게 되었어요.

진로에 대한 관심은 어떻게 가지게 되었나요?

어렸을 때부터 TV 보는 것을 좋아했어요. 운 좋게 다양한 콘텐츠를 접하게 될 일이 많았는데, 고등학교 다닐 때 미드(미국 드라마)를 많이 보게 되었죠. 미드를 통해 자연스럽게 미국 문화를 접하게 되면서 다양한 브랜드도 알게 되었고, 결국 이 같은 경험들이 나중에 20~30대 여성을 타깃으로 패션 뷰티 등 라이프스타일을 다루는 케이블 채널인 온스타일에서 대외 활동을 시작할 때 큰 도움이 되었습니다.

그리고 아버지가 방송국의 경영 부서에서 오래 근무를 하셔서 자연스럽게 방송에 대한 이야기를 자주 들을 수 있었고, 관심을 가지게 되었어요. 고등학생 때 청소년 대상 프로그램 기획 공모전에 출품해 서울시에서 상을 타기도 했죠. 당시 〈악동클럽〉이나 〈체험 삶의 현장〉이라는 프로그램이 있었는데, 이를 변형하여 고등학생들이 직업 체험을 할 수 있는 프로그램을 기획했었어요. 수상자 중에 고등학생은 저 하나라고 해서 그때 '내가 재능이 있나?'라는 생각을 하게 됐죠.

Question 성격은 어떤지도 궁금해요.

대학교 다닐 때는 소극적으로 활동했는데 대외 활동을 하면서부터 변하기 시작했어요. 뷰티 잡지에서 남자 대학생을 모델로 찍고 싶다고 해서 모델로 촬영하러 갔다가 제가 뷰티 브랜드를 많이 알고 있다는 점 덕분에 잡지사에서 일하게 되는 행운을 얻기도 했어요. 궁금한 것들은 몸으로 부딪혀 경험하면서 제 생각이 맞는지 확인해 나갔죠. 그런 적극적인 자세로 인해 자신감도 많이 회복되었어요. 회사 일을 하면서도 번거롭더라도 재미있을 것 같은 일은 시도해 보는데, 이 같은 경험들이 이후에 마케팅을 잘할 수 있는 밑바탕이 된 것 같아요. 많이 보고, 많이 경험하는 것이 숭요한 것 같습니다.

또, 남들이 저보고 '오지랖이 넓고 잡지식이 많다'는 말을 많이 해요. 생각해 보면 방송에서는 얕더라도 뭐라도 많이 알아야 누구와 만나든지 커뮤니케이션을 잘할 수 있는 것 같아요.

Question 대외 활동을 시작하게 된 계기가 있나요?

한국외대 법학과에 들어갔는데 전공이 적성에 맞지않아 스트레스를 많이 받았고, 전공을 살려 취업해야겠다는 생각도 못했어요. 군대를 다녀오니 여자 동기들은 거의 다 취업을 했는데, 저는 그때부터 무엇을 해야 하나 고민했습니다. 그러다가 온미디어라는 케이블 방송국에서 주관하는 대학생 대외 활동이 있다는 것을 알게 되었어요. 누나가 홍보 대행사에서 일을 하다 보니 관련 업계에 대한 정보도 쉽게 얻을 수 있었고, 평소에도 누나와 TV를 같이 보면서 방송에 대한 의견들을 주고받으며 공유하는 편이었는데 그 영향이 컸지요. 경쟁률이 무려 100대 1이었는데, 운 좋게 합격해 미디어 분야로 진로를 결정하는 데 결정적인 계기가 되었어요.

온미디어 대외 활동을 통해 방송국에서 어떤 일을, 어떻게 하는지 간접적으로 알 수 있었고, 방송 프로그램 기획 및 프로모션, 마케팅 관련 활동들을 하면서 마케터와 PD가 하는 일도 간접 체험할 수 있었습니다.

활동을 하면서 '나는 이 분야와 거리가 먼 법을 전공하고 있는데, 과연 관련 전공자인 친구들보다 잘할 수 있을까?'라는 생각을 했었어요. 그래서 다양한 경험들을 통해 내 자신이 이 분야와 맞는지 검증해 보려고 노력했죠. 이후에도 방송 관련된 대외 활동들을 더 했어요. 대외 활동을 통해 당시에는 활성화되지 않았던 블로그 마케팅, 방송 리뷰, 프로모션 바이럴 마케팅* 같은 활동들을 했어요. 활동하면서 방송계에서 유명한 실무자들의 특강을 들으면서 이 일을 더 동경할 수 있게 되었습니다.

잡지 기자에 대해서도 관심이 생겨서 아레나라는 남성 잡지 회사 내 피쳐팀에서 어시스턴트로 일하기도 했어요. 자동차 사진 찍고, 소품 대여, 소품 구입, 자료 정리 등의 일들을 했습니다. 직접 사진을 찍을 때도 있었고 짧은 기사를 작성해 보기도 했죠. 당시의 경험들이 현재 도움이 되기도 해요.

그러다가 4학년 때 프로듀서&마케터(PM)라는 활동을 하면서 마케터로 취업해야겠다고 결심하게 되었죠.

〈바이럴 마케팅〉

누리꾼이 이메일이나 SNS 등 전파 가능한 매체를 통해 자발적으로 어떤 기업 또는 제품을 홍보하도록 유도하는 마케팅 기법으로 컴퓨터 바이러스(virus)처럼 확산된다고 해서 붙은 이름이다.

Question 대외 활동을 할 때 가장 기억에 남은 특강이 있나요?

〈남자셋 여자셋〉, 〈세 친구〉라는 시트콤을 만들었던 송창의 PD님의 강연이 가장 기억에 남아요. 그 분이 막 MBC 방송국의 PD가 됐을 때 다른 사람이 기획했던 어린이 프로그램인 〈뽀뽀뽀〉를 이어 받아 진행하게 되면서 '어떻게 하면 더 좋은 프로그램으로 만들까?' 고민을 하다가 선배에게서 "너만의 〈뽀뽀뽀〉를 만들어 봐라."라는 조언을 듣고 프로그램을 리뉴얼해서 크게 성공을 하셨다고 해요. 대개 다른 사람이 기획한 프로그램을 이어받게 되면 '하던 대로 하지 뭐.'라는 생각을 하기 마련일 텐데, 그런 안일함을 과감히 버리고 자신만의 색깔이 있는 프로그램으로 다시 태어나게 한 거지요.

그때 송창의 PD님께 자료 조사하는 방법과 트렌드에 대한 감각을 유지하기 위한 방법에 대해 질문 드린 적이 있는데, 당시 그 분야 사람들이 잘 보지 않던 유럽 지역의 프로그램들을 많이 본다고 하시더라고요. 자료나 콘텐츠를 얻기 위해 남들이 생각하지 못한 분야에 도전하는 것을 보고 많이 느끼는 시간이 되었습니다.

Question 부모님은 어떤 일을 하기 원하셨나요?

아버지는 제가 지상파 방송국의 PD가 되기를 원하셨는데, 저 또한 마찬가지였습니다. 하지만 그 정도로 공부를 열심히 하지 않았습니다. 하하. 진로와 취업에 대해 고민할 즈음 CJ E&M에 합격하여 입사하게 되었죠. PD로 입사했다면 더 좋았겠지만, 기본적으로 방송 분야에서 일 해 보고 싶다는 생각이 더 컸던 것 같아요.

마케팅을 하는데 어떤 전공이 유리할까요?

대부분이 경영학과 출신들이 많다고 생각하겠지만 그렇지는 않고요. 후배 중에는 신학과, 건축학과, 경영학과 출신 등 다양하더라고요. 저는 마케팅이 예리한 관찰력으로 다양한 사례들을 꿰뚫어 보는 통찰력을 요하는 학문이라고 생각해요. 그렇기 때문에 끊임없이 어떤 현상에 대해 '왜 일까?'라는 의문과 그것을 분석하려는 자세를 가지고, 소비자가 어떤 생각을 하는지, 어디에 관심을 두는지에 초점을 맞출 수 있다면 전공과는 무관하다고 생각합니다. 제 개인적으로는 법학을 전공하며 사건을 분석하고 어떤 조항에 해당되는지 분석하고 처리하는 공부를 하면서, 논리적인 사고의 연습을 할 수 있었던 것 같아요.

tvN 프로그램을 알리다

▶ 삼시세끼 촬영 중 전 제작진과 함께

▶ 삼시세끼 촬영장

▶ 코미디 빅리그 촬영 중

Question **CJ E&M 입사 후 첫 업무는 무엇이었나요?**

CJ E&M에 입사해서 퇴사할 때까지 tvN 마케팅팀에서 근무를 했는데요. 부서 배치를 받고 처음 담당했던 업무가 이벤트 당첨자를 선정하고, 이벤트 경품을 구매해 당첨자들에게 발송하는 일이었어요. 신입 사원들은 작은 일도 열심히 하려고 하잖아요. 경품이 가스오븐레인지였는데, 어떤 제품을 살까 무려 3시간을 고민하다가 일 처리가 늦다고 선배한테 혼난 적도 있답니다. 하하.

Question **콘텐츠 마케터에 대해 생각했던 것과 실제와 차이가 있었나요?**

있죠. 대학 시절 대외 활동할 때를 생각하며 마케팅은 프로그램에 대한 개선안을 내는 일이나 채널 영상 제작을 기획하는 일을 주로 하게 될 줄 알았는데, 신입으로 막 입사했을 때에는 이벤트 마케팅을 위주로 담당했습니다. 그러다가 결국 업무에 대한 경험이 쌓이고 마케팅에 대한 중요성이 커지면서 개선안을 내거나, 채널 홍보 영상 제작 업무도 하게 되었고 브랜딩 업무도 담당하게 되었습니다.

Question **tvN마케팅팀에서는 어떤 일을 하였나요?**

방송 프로그램은 브랜드를 매번 생성해내는 것과 같은데 저희는 안정된 플랫폼이 있어서 플랫폼을 채우면서 콘텐츠를 만들어 내게 됩니다. 제가 처음 맡았던 프로그램이 〈스타특강쇼〉, 〈현장토크쇼 택시〉, 〈롤러코스터〉였어요. 이후에 〈강용석의 고소한 19〉가 기획되었고, 저는 첫 마케터로서 이전보다 더 주도적으로 일을 담당하게 되었습니다. 당시 아나운서 관련 발언으로 강용석 씨의 이미지가 좋지 않았기 때문에 그 분의 이미지를 개선하는 것 자체가 프로그램 마케팅의 관건이었습니다. 이미지를 개선하기 위해 〈맥심〉이라는 잡지의 표지 모델을 제안해서 진행하기도 하고, 제작 발표회 등 홍보 행사를 무사히 마쳤습니다.

콘텐츠 마케터가 하는 일은 방송 프로그램을 시청자들에게 알리고, 흥미를 유발시켜 방송을 시청하는 데까지 이끌어 내는 것이라고 생각합니다. 그러다 보니 방송을 시청할 만한 사람들에게 프로그램이나 출연자가 노출될 수 있는 방안을 많이 생각하게 되죠. 〈강용석의 고소한 19〉가 시사 프로그램이다 보니 일간지인 〈Metro〉와도 제휴를 해서 가요 순위처럼 시사 뉴스를 랭킹 차트로 풀어내려고 노력했습니다.

그 이후인 2014년 초 군대에서의 에피소드를 다룬 〈푸른거탑〉이라는 프로그램을 담당하게 되었습니다. 〈롤러코스터〉라는 프로그램의 코너였다가 독립 편성을 하여 런칭을 하는데 페이스북이 마케팅 수단으로 괜찮을 것 같다는 판단 하에 페이스북 페이지를 만들기로 결정했어요. 공식 페이지라고 하면 재미없고 딱딱한 느낌일 것 같아 당시 〈푸른거탑〉 내에서 유행어로 밀고 있던 '대뇌전두엽'이라는 이름의 페이지를 팬 페이지처럼 운영했습니다. 당시 〈무한도전〉의 정준하씨 매니저이자 〈푸른거탑〉의 배우였던 최종훈 씨에게 글을 부탁해 남기게 되었는데, 이틀 사이에 2만여 명으로 팔로워 수가 늘었어요. 그리고 방송 이후에는 팔로워 수가 5~6만 명까지도 늘어났죠. 당시에는 회사에서도 시도해 보지 않았던 저비용, 고효율의 온라인 홍보의 성공 사례가 되었습니다.

〈푸른거탑〉 이후에는 〈꽃보다 할배〉 프로그램의 마케팅을 전담했는데, 이때는 〈푸른거탑〉 때의 경험을 살려 SNS를 공식 채널화해서 나영석 PD와 연기자 신구 선생님의 사진을 찍어 올리기도 했었고, 티저 영상*의 경우도 TV뿐만 아니라 온라인을 통해 입소문이 날 수 있도록 홍보했어요. 그 결과 실시간 검색 1위에 오르기도 하고, 채널 내에서도 높은 시청률로 기록을 세울 수 있었습니다. 〈꽃보다 누나〉 프로그램 때에는 현지 촬영에도 함께 참여하게 되었습니다. 프로그램 정보에 대한 대중들의 실시간 반응이 궁금해 촬영 현장 직접 사진으로 찍어 SNS에 올렸는데 반응이 뜨거웠어요. 이 같은 경험들을 통해 온라인 마케팅 전략 등 많은 것을 배울 수 있었습니다. 이후 〈꽃보다 할배〉 스페인 편에도 동행하게 되었죠.

그리고 〈삼시세끼〉라는 프로그램은 런칭할 때부터 마케팅을 담당하게 되어 마케팅 계획 수립부터 포스터 촬영, 티저 영상 촬영 등의 일을 했습니다. 그런데 스틸 촬영을 하는 날 사진작가가 갑자기 현장에 올 수 없는 상황이 되었어요. 제가 프로 사진가는 아니지만 직접 스틸 촬영*을 하게 되었습니다. 이

때 마케터에게는 어떤 상황도 대처할 수 있도록 콘텐츠와 관련된 다양한 지식과 능력이 필요하다는 것을 깨닫게 되었죠. 이처럼 콘텐츠마케터는 포스터를 기획하고, 예고편을 만들어 이를 방송에 내보내는 일정을 스케줄링하고, 광고는 어떻게 할 것인지, 기자 회견은 어떻게 할 것인지 등을 기획하고, 조율하고, 진행하는 것은 기본이고, 그 외 다양한 일들도 해야 합니다. 그만큼 업무 영역이 넓다고 볼 수 있어요.

〈스틸 촬영〉
광고나 선전에 쓰이는 사진으로, 영화 필름 가운데 골라낸 한 장면의 사진
〈티저 영상〉
시청자의 호기심을 자극하여 영상에 대한 관심을 높임과 동시에 본 프로그램에의 도입 구실도 하는 영상

> **Question** 콘텐츠마케터의 하루 일과는 어떻게 되나요?

제가 근무했던 CJ E&M은 출근 시간이 10시여서 출근 후 담당한 프로그램에 대한 시청률을 체크합니다. 시청률 정보를 편성팀에서 메일로 받아 의미 있는 수치의 시청률인지, 보도 자료를 낼 만한 아이템인지 살펴보는 것이 중요합니다. 시청률 기록을 세운 경우 기사거리가 되고 다시 한 번 콘텐츠에 대한 기대감을 불러일으킬 수 있기 때문이죠. 홍보팀과 협의해서 보도 자료를 내보내고 SNS에도 관련 내용을 올리게 됩니다. 또한 콘텐츠 브랜딩을 위해 이슈화가 될 만한 아이템들을 미리 정해서 SNS에 올리거나 보도 자료를 낸다든지, 프로그램 관련 기사들을 모니터링 한다든지 하는 작업들을 하게 됩니다. 포털 사이트에 게시되는 프로그램의 짧은 영상들에 대한 업무를 담당하기도 하고요. 만약 콘텐츠가 런칭되기 전이라면, 조금 유동적으로 근무하게 되는데요. 마케팅 전략을 세우고 포스터를 촬영하거나 촬영 및 녹화 현장에 가기도 합니다.

Question 마케팅팀의 구성원은 어떻게 되나요?

프로그램 담당, 디지털 마케팅 담당, 영상 담당, 디자인 담당 등 마케팅 담당만 20명 정도가 있었어요. 남녀 비율은 3:7 정도 입니다. 마케팅분야에서 여성 비율이 더 높은 이유는 남자는 제작분야에 더 많고, 마케팅보다는 영업 분야를 선호하는 취업 분위기 때문인 것 같습니다.

Question 일하면서 보람을 느꼈던 적은 언제인가요?

나영석 PD님이 CJ E&M으로 이직한 후 tvN에서 〈꽃보다 할배〉 프로그램을 같이 하게 되었을 때인데, 대단한 분과 같이 일하게 된다는 것이 기대도 되면서 부담도 컸습니다. 프로그램 기획안을 처음 봤을 때 핵가족화 된 현대 사회에서 잊혀져가는 세대를 주인공으로 하면 재미 이상으로 사회적 영향력도 있겠다는 생각이 들었습니다. 다행히도 반응이 좋았죠. 예고편이 포털 사이트에서 실시간 검색 1위에 오르고, 지상파에서도 비중있게 다룰 만큼 화젯거리가 되고, 케이블 방송임에도 시청률이 5% 가까이 나오는 등 tvN을 대표할 수 있는 국민 예능 프로그램이 된 것 같아 더 뜻 깊었습니다. 제품 마케터들은 제품이 인기가 있어 판매량이 많고, 제품이 인기 있을 때 보람을 느끼듯이, 콘텐츠 마케터의 경우 시청률이 높게 나오거나 프로그램 또는 출연자의 인지도가 높아질 때 보람을 느끼게 되죠.

〈꽃보다 할배〉를 마케팅 하면서 에피소드가 있었나요?

콘텐츠마케팅은 일정대로 콘텐츠를 공개하고, 전략대로 이슈화를 시켜 시청자들의 프로그램에 대한 기대감을 높이는 것은 기본이고, 더불어 순발력도 중요하다고 생각하는데요. 예를 들면, 당시 〈꽃보다 할배〉에 대한 마케팅 이미지가 '좌충우돌', '예측불가'였어요. 물론 배우 분들이 연세가 있으시다 보니 웃기려고 무엇인가를 억지로 하시지는 않았지만요. 당시 제작 발표회를 토크쇼처럼 기획을 해서 전현무씨가 사회를 보고 배우 분들이 함께 참석했어요. 마침 저희가 포토타임을 마치고 무대를 내려왔는데 이순재 선생님께서 안계시는 거예요. 알아보니 화장실에 가셨다고 하더라고요. 어떤 제작 발표에서도 배우가 화장실에 간다고 중간에 말없이 사라지는 일이 없었는데, 이 상황이 너무 재미있어서 전현무씨한테 이야기하니까 이를 재치 있게 바로 살리시더라고요. 그리고 이 에피소드가 곧바로 기사화되어서 '예측 불가능한 재미가 있다.'는 이 프로그램의 이미지를 환기시키기도 했습니다.

마케터는 고객들이 인지하고 선호하는 브랜드가 될 수 있도록 노력해야 해요. 그러다보니 지속적인 관찰이나 자료 조사도 무척 중요합니다. 본 방송이 시작되기 전부터 무엇이 마케팅에 필요한지 확인하고 마케팅을 위한 다양한 콘텐츠, 예고 영상, 포스터, 스틸 사진 등을 잘 확보해야 하죠.

최고의
콘텐츠
마케터를
꿈꾸며

▶ YG 엔터테인먼트 사옥 앞에서

▶ 인터뷰에 답변하는 모습

▶ YG 엔터테인먼트 근무 모습

YG엔터테인먼트로 이직한 계기가 있나요?

콘텐츠를 마케팅하면서 PD로 전향하고 싶은 마음이 있었는데 업계 통념상, 그리고 CJ E&M 정책상 어려움이 있었어요. 그래서 이 분야 최고의 마케터가 되기로 했어요. 콘텐츠 개발에 더 깊숙이 관여해 보고자 하던 차에 업계 최고라 할 수 있는 YG엔터테인먼트로부터 제안을 받으면서 이직을 결심하게 되었습니다.

그곳에서 담당했던 업무에 대해 소개해 주세요

YG엔터테인먼트 콘텐츠 기획 팀장이었습니다. CJ E&M에서 방송 콘텐츠를 중심으로 일했다면 YG에서는 아티스트를 중심으로 일을 했어요. 저희 팀에서 했던 일은 크게 3가지인데요. 콘텐츠 기획, 제작 투자, 유통입니다. 그리고 한 가지를 더하자면 연기자 브랜딩입니다. 매니지먼트 파트가 있어서 유병재 씨와 안영미 씨의 매니지먼트를 담당했습니다. 가수 기획사로 유명한 YG엔터테인먼트의 신사업 분야죠.

YG엔터테인먼트 마케팅팀에서는 어떤 일을 하나요?

엔터테인먼트 기업에는 대부분 마케팅팀이 있어요. 예를 들면, 위너(WINNER)라는 그룹이 나왔는데 앨범 콘셉트를 어떻게 정할지, 뮤직비디오는 어떤 콘셉트로 할지, 앨범 재킷 촬영은 어디서 할지, 앨범이 나왔을 때 네이버와 V앱을 활용하는 등 어떻게 마케팅을 할지를 논의하며 기획·실행하게 됩니다. 저희 팀의 경우 유병재 씨를 매니지먼트하고 있으니 유병재 씨와 함  께 어떤 콘텐츠를 기획할지, 어떤 플랫폼에서 어떻게 유통할지 등을 의논하고 기획했습니다.

Question **YG엔터테인먼트에서의**
하루 일과는 어떻게 되나요?

각 회사마다 다르겠지만 어떤 프로젝트를 진행하느냐에 따라 스케줄이 달라져요. 제가 근무할 당시는 주로 회의를 많이 했습니다. 소속 연예인의 정보를 공개하기 위해 사진을 검수하는 등 확인 절차를 거쳐 콘텐츠를 만들고, 이를 언제, 어떻게 공개할지에 대해 논의합니다.

화보 촬영이 있을 때는 대략 오전 6~7시까지 화보 촬영장에 도착해서 촬영 스태프들과 미팅을 하면서 소속 연예인을 소개합니다. 그후 메이크업하고, 화보 촬영하고, 디렉팅하고 나면 저녁 6~7시쯤 마칩니다. 화보 촬영이 아주 자주 있지는 않고요, 또 연예인이나 촬영장의 상황에 따라 스케줄은 유동적입니다.

일반적인 회사와는 달리 엔터테인먼트 업계는 근무 시간이 일정치 않고 유동적인 편입니다. 그러다보니 바쁠 때는 엄청 바쁘고, 여유있을 때는 또 여유 있습니다.

Question **콘텐츠마케팅 분야의 성장 가능성은 어떨까요?**

콘텐츠마케팅이라는 분야가 현재 트렌드가 되다 보니 업계에서 이직 요청이 많습니다. 가장 보수적인 곳으로 알려진 금융업계도 광고 형태가 다 바뀌었어요. 예전에는 일방적으로 정보를 전달하는 방식이었다면, 이제는 어떻게 정보를 콘텐츠화해서 브랜드에 녹여낼까 고민하기 시작했습니다.

그리고 기존 KBS, MBC, SBS(지역민방), EBS 등의 지상파와 케이블 TV, 위성 방송, IPTV 등의 종합 편성 채널, 그리고 모바일 등 다양한 플랫폼이 생겨나면서 콘텐츠의 중요성이 계속 커지고 있고, 경쟁도 심화되고 있습니다. 물론 좋은 콘텐츠를 만드는 것도 중요하지만, 많은 사람들에게 알려 실제 시청으로 이어질 수 있도록 하는 콘텐츠마케팅도 중요하다고 생각해요.

이 분야에서 계속 인정받는 마케터가 되고 싶어요. 제가 맡은 브랜드의 마케팅이 사람들에게 인정받는다면 훌륭한 마케터라고 할 수 있겠죠.

또 저는 다른 사람들과 함께 웃고, 사회에 선한 영향력을 끼칠 수 있는 일을 하고 싶어요. 〈삼시세끼〉의 경우 '방송을 보고 맛있을 거 같아 엄마와 요리를 했는데, 그것을 계기로 많은 대화를 나눌 수 있어 의미 있는 시간이었다.'라는 시청자 반응이 감동이었어요. 〈꽃보다 할배〉의 경우 '나이가 들면 쉬어야 한다.'에서 '아직은 충분히 해낼 수 있는 나이다.' 라고 사람들의 생각 변화에 기여한 것도 보람되었죠. 이처럼 사회에 좋은 영향을 줄 수 있는 마케터가 되고 싶어요.

마케터에게
직접 묻는다

청소년들이 마케터들에게
직접 물어보는 11가지 질문

마케터가 되는데 유리한 전공이 있나요?

저는 경영학과 학생을 마케팅 전공자라고 부르는 것에 동의하지 않습니다. 실제로 제 주위를 보면 경영학과 출신 중 마케터도 있지만 경영학과 출신이 아닌 사람들이 더 많습니다. 오히려 사회학이나 심리학, 커뮤니케이션학 등이 마케팅 분야와 더 연관성이 높은 학문이라고 생각합니다. 경제학, 정치학도 마케팅과 연관성이 많고요. 제가 P&G에 입사할 때도 저를 포함해 2명이 마케팅 부서에 입사했는데 저는 경제학을, 다른 한 명의 동기는 의상학을 전공했어요. 그래서 저는 학생들에게 마케터가 되기 위해 반드시 경영학을 전공해야 하는 것은 아니라고 말합니다. 오히려 마케터에게 요구되는 기술적인 역량은 상대방 입장에서 생각할 수 있는 공감능력과 그 누구와도 원활하게 소통할 수 있는 소통 능력, 그리고 무엇보다 소비자를 위한 가치를 창출하는 것을 즐기는 마케터가 되고자 하는 마음가짐과 자세라고 생각합니다.

진로는 어떻게 탐색하는 것이 좋을까요?

진로는 한 번도 가 보지 못한 길을 계속해서 걸어가고 경험하는 것입니다. 저 또한 지금도 진로를 탐색 중입니다. 자신이 세운 원칙이나 가치관이 있을 테니 그 안에서 할 수 있는 것들을 찾아보는 것이 좋다고 생각합니다. 학생이라서 제도적, 환경적인 부분에서 제한이 있지만, 처한 상황 속에서 가능한 것들을 경험해 보는 것이 가장 도움이 될 것 같습니다.

대외 활동을 하면 좋은 점이 있나요?

그럼요. 대외 활동을 하면서 가장 도움이 되었던 것은 첫 대외 활동을 같이 했던 여자 동기들이 저보다 빨리 미디어 분야로 취업을 하면서 제가 취업 준비를 할 때 자기 소개서 작성 방법을 비롯해 다양한 팁과 조언을 얻을 수 있었던 겁니다. 이처럼 대외 활동을 하면서 생긴 네트워크는 일을 하는 데 굉장히 큰 힘이 돼요. 또, 업계에서 일하는 분들에게 궁금한 점을 직접 질문할 수 있는 기회를 가질 수 있다는 것도 또 다른 이유입니다.

외국계 기업에서 일할 땐 해외 출장도 가나요?

국내 기업과 외국계 기업은 비슷한 영역의 일을 하지만 가장 큰 차이점은 고객사죠. 오리콤의 주고객사는 국내 기업이고, 오길비와 같은 외국계 기업의 고객사는 국내 기업 외에 국내에 진출해 있는 외국계 기업, 그리고 아시아 태평양 전 지역 담당자, 우리나라로 진출을 원하는 외국 기업들이 주고객입니다. 그러니 회의를 하고, 프레젠테이션을 하려면 당연히 해외 출장도 잦아지고 교류도 많아지죠.

영어를 잘해야 할까요?

영어를 잘하는 것은 두 말할 것 없이 중요합니다. 제가 모니터그룹이나 피자헛코리아에서 근무할 때에는 영어를 많이 사용하지 않았어요. 그런데 맥킨지에 근무할 때 갑자기 컨퍼런스콜을 하게 되면서 그동안 영어 공부에 욕심을 내지 않았던 것에 후회했습니다. 다국적 기업에서는 같은 회사 직원이더라도 다른 국가에서 근무하거나 고객이 외국에 있는 기업일 경우가 많아서 회의를 하게 되면 컨퍼런스콜을 자주 이용하게 됩니다.

컨퍼런스콜은 3인 이상이 전화로 회의를 하는 것인데요. 만나서 상대방의 얼굴을 보면서 회의를 한다면 충분히 이해할 수 있는 내용일 텐데 전화로 하다 보니 상대방의 표정, 제스처 등도 알 수 없는데다가 또 공용어인 영어를 발음하는 데 지역 색이 강하게 묻어 나오거나 우물거리면서 말하는 사람들도 있어 알아듣기가 정말 힘들더군요.

하지만 많이 해 보니 익숙해졌어요. 맥킨지에서 3주 과정으로 mini MBA 과정을 교육받을 당시 한국인이 없어 3주 내내 영어만 사용해야 했죠. 해야만 하는 상황에 놓이니 영어가 빠르게 늘더군요. 물론 육아 휴직 후 리셋되긴 했지만요. 하하.

그런데 영어를 잘한다는 것이 발음이 좋거나 표현이 유려해야 한다는 뜻은 아닙니다. 내 뜻을 전달하겠다는 의지가 중요해요. 길에서 만난 외국인이 버벅거리는 한국어로 길을 물어도 다 알아듣듯이, 영어를 하는 외국인은 표현이 완벽하지 않더라도 이해합니다. 따라서 최대한 간단한 표현으로 내 뜻을 표현하는 나만의 방법을 찾고, 용기를 가지고 입을 여는 것이 중요한 거예요.

국내 기업과 외국계 기업의 차이는 무엇인가요?

국내 기업의 장점은 끈끈한 동기애와 네트워크가 생긴다는 것이죠. 보통 신입사원을 공개채용으로 뽑기 때문에 함께 입사한 동기들끼리 네트워크가 형성되어요. 나중에 서로 다른 분야에서 일하더라도 네트워크를 유지하며 서로 회사 생활하거나 성장하는 데 도움을 줍니다. 반면 외국계 기업 중, 구글은 신입사원 공채가 전혀 없는 기업입니다. 업무 특성상 신입사원이 적합하지 않아 수시로 경력이 검증된 사람으로만 충원하거든요. 그렇다 보니 동기애를 느끼기는 어렵죠.

업무 환경 측면에서는, 마케터 입장에서 볼때 외국계 기업이 일하기에 좀 더 좋은 환경을 갖춘 것 같습니다. 외국계 기업은 신입 때부터 명확한 일을 주어 주인 의식을 갖고 일할 수 있도록 합니다. 마케팅 담당자의 재량권이 커서 단독으로 진행하며 새로운 마케팅도 시도할 수 있거든요. 물론 그에 따른 책임도 크지요. 브랜드매니저의 경우 특정 브랜드를 기획하는 것뿐만 아니라 매출에 대한 책임도 같이 집니다. 반면 국내 기업은 그런 측면에서 느슨해요. 신입 때는 큰 책임을 지는 일 보다 시키는 일을 열심히 해야하곤 합니다. 간혹 어떤 광고를 볼때 '광고를 왜 저렇게 만들었을까?' 안타까울 때가 있는데요. 광고의 수준은 광고주가 결정하는데, 국내 기업은 상하 관계가 확고해서 혁신적인 아이디어가 있어도 임원들이 이해하지 못하면 진행이 안 되거나 엉뚱한 방향으로 진행되는 것을 종종 보았습니다.

마케터는 다른 직업을 가진 사람들과의 만남이 많나요?

마케터로서 상품을 개발하다 보면 상품에 대한 아이디어 혹은 기술을 가지고 있거나, 만들어진 상품을 많은 사람들에게 잘 알릴 수 있는 사람들을 만나 함께 일을 하기도 합니다. 내부적으로는 제품을 만드는 디자이너, 내용물을 만드는 연구원, 그리고 대량 생산을 하는 공장 담당자 그리고 그것을 판매할 영업 담당자들을 만납니다. 그 외에도 광고 대행업체, 시장조사 업체, 다양한 유통 채널의 바이어들, 모델뿐만 아니라 새로운 특허를 가진 발명가들을 만나기도 하죠. 치약, 칫솔 브랜드인 '오랄'을 런칭할 때는 치과협회 의사들을 만나기도 했어요. 업무 분야가 넓기 때문에 다양한 사람들을 만날 수 있는 환경입니다. 그리고 이들과 계속해서 대화하고 때로는 설득하면서 브랜드 마케팅을 하게 되는 것이죠.

여성으로서 마케팅 업무를 하는 데 힘든 점이 있나요?

여성이라는 이유만으로 특별히 힘들지는 않았습니다. 오히려 여자라는 것이 마케터로서는 장점이었어요. 마케터가 상대해야 하는 다양한 분야의 상품이나 주소비자들 중에는 여성의 비율이 훨씬 높아요. 요즘은 제품이나 서비스를 구매할 때 결정권이 여성에게 있는 경우가 많기 때문입니다. 여성이 여성의 생각이나 감성을 더 이해하기 쉽죠. 그래서인지 마케팅 분야는 여성의 비율이 보통 80% 이상으로 높습니다.

다만, 일과 육아를 병행하는 것에 대한 어려움은 마케터만이 아닌 어느 산업군이라도 어쩔 수 없는 어려운 부분이죠. 절대적인 시간과 관심을 쏟아야 하니까요. 저의 경우는 시어머니나 어머니, 베이비시터의 도움을 받았습니다.

마케터를 하는데 MBA가 필요할까요?

저도 사실 구글에 다닐 때 MBA를 할까 고민했는데, 구글에서 일하면서 더 많은 걸 배울 수 있다고 생각해서 하지 않았습니다. 하지만 마케터에서 나아가 기업 경영자가 되려면 MBA(Master of Business Administration: 경영학 석사학위)가 필요하다고 생각합니다. 마케팅을 하는 데에 당장은 도움이 안 될 수 있지만, 네트워크를 형성하는 데도 도움이 될 거고요. 만약 MBA 공부를 하겠다고 결정했다면 조금이라도 젊을 때 가는 것을 추천합니다. 요즘은 현장에서 3~4년 정도 경력을 쌓고 MBA를 하던데, 마치면 한 단계 점프 업 할 수 있어 도움이 되더라고요.

방송 콘텐츠 마케팅 분야의
근무 여건은 어떤가요?

CJ E&M은 대기업인 CJ의 계열사라서 계열사별 임금 차이가 있기는 하지만, 연봉은 비슷하다고 알고 있습니다. CJ E&M의 경우 CJ에서 배급하는 영화의 예매권이나 프로그램 방청권이 나오기도하고, MAMA 시상식의 관람권이나 뮤지컬 티켓을 주기도 합니다. 또 mnet.com도 무료로 이용할 수 있습니다.

YG엔터테인먼트와 같은 대형 기획사의 경우는 연봉 수준도 업계 평균에 비해 높은 편이고, 수평적 문화 속에서 자유롭게 일할 수 있는 분위기가 큰 매력입니다. 소속 가수들의 콘서트 티켓이 제공되기도 하지요.

마케터가 되려면 지금부터 어떤 준비를 해야할까요?

마케팅 분야에서는 계속해서 변하는 시장 상황에 대처해야 하기 때문에 각각의 상황을 분석하고 대처할 수 있는 전략적 사고력과 판단력, 그리고 무엇보다 일을 추진하는 실행력이 중요합니다. 가령 '니체'라는 철학자가 어떤 말을 했는지 글자 그대로 기억하는 것이 중요한 것이 아니라, 그에 대한 나의 생각을 정립하는 것이 더 중요하다는 거죠. 따라서 마케팅에 관심이 있다면 다양한 책을 많이 읽어 볼 것을 권합니다. 시험이나 성적을 위해 필요한 전공 서적뿐만 아니라, 본인이 관심 있는 분야의 책이든, 두꺼운 깨알 글씨 책이든 얇은 만화책이든, 더 다양한 분야에 관심을 가지고 책을 통해서 간접적으로라도 경험할 수 있다면 나중에 마케팅을 하는데 많은 도움이 될 것이라고 생각됩니다. 그리고 남들이 좋다는 것, 나중에 취직하는 데 도움되는 것을 하기 보단 내가 좋아하고 더 관심 있는 것을 해 보세요. 자기가 좋아하는 일을 할 때 사람은 행복하답니다.

CHAPTER
| 3 |

예비 마케터 아카데미

마케팅이란 무엇일까?

"마케팅이란 무엇일까?" 청소년들에게 이 질문을 하면 많은 학생들이 "광고요.", "파는 거요." 등의 대답들을 합니다. 어떤 부분은 맞는 부분도 있고, 어떤 부분은 조금 다른 부분이 있어요. 이에 대해 쉽게 구분할 수 있는 그림을 오른쪽 페이지에서 소개합니다.

마케팅(marketing)은 20세기 초반 미국을 중심으로 탄생한 학문으로 물리적인 시장(market)에 현재 진행형인 동명사(~ing)를 붙여서 만들어진 신조어입니다. 마케팅은 자사의 제품이나 서비스가 경쟁사의 그것보다 소비자에게 우선적으로 선택될 수 있도록 하기 위해 행하는 모든 제반 활동들을 의미하죠.

마케팅은 시대 상황에 따라, 조직에 따라, 학자에 따라 조금씩 그 정의가 달라지고 있습니다. 그 중에서도 세계적으로 가장 많이 인용되고 있는 미국마케팅학회(AMA: American Marketing Association)의 정의는 다음과 같습니다.

마케팅은 직접 자신을 알린다.

저는 당신을
진심으로 사랑합니다.

광고는 지속적으로 자신을 알린다.

저는 당신을 진심으로 사랑합니다.
저는 당신을 진심으로 사랑합니다.
저는 당신을 진심으로 사랑합니다.

PR(Public Relations)은
다른 사람을 통해 자신을 알린다.

난 믿어도 좋아.
그 남자 진심으로 널 사랑해.

브랜딩은 상대가 먼저
자신을 알아보게 한다.

제가 보기에 당신은
절 진심으로 사랑하고 있군요.

출처: The difference between Marketing, PR, Advertising and Branding

'마케팅은 개인이나 조직 목표를 충족시켜 주는 교환을 창조하기 위해 아이디어, 제품, 서비스의 창안, 가격결정, 촉진, 유통을 계획하고 실행하는 과정을 의미한다.'

그리고 '마케팅의 아버지'라고 불리는 필립코틀러 노스웨스턴 대학 켈로그 경영대학원 석좌교수는 마케팅을 이렇게 정의합니다.

'마케팅은 기업이 고객을 위해 가치를 창출하고, 강력한 고객관계를 구축하여 고객에게 가치를 얻는 과정이다.'

기업의 입장에서는 제품이나 서비스를 잘 만드는 것도 중요하지만, 제품 및 서비스의 매력을 사람들에게 잘 알리고, 잘 파는 것 역시도 중요합니다. 이에 있어서 마케팅이 그 역할을 한다고 볼 수 있겠습니다.

마케팅의 변천사

영업사원(The door-to-door salesman)
경험에 기반한 소비자의 선호 이해

인쇄광고전문가(The print AD pro)
신문기사송고, 신문 또는 잡지 광고

직접 마케팅(Direct marketer)
광고보다 더 개인적인 형태의 판매촉진활동.
고객정보를 이용한 우편물, 이메일 발송,
설문조사 실행 및 분석

라디오/TV매체전문가
(The radio/TV pitchman)
기억하기 쉬운 시엠송 제작,
TV 방송 내 제품 배치

디지털마케터(Digital marketer)
웹사이트 관리 및 온라인 뉴스레터 발행,
포털사이트 검색어 관리, 온라인광고/
모바일광고 관리, 어플리케이션 제작 및 관리

현대마케터(Modern marketer)
멀티플랫폼 캠페인 기획, 개인화된
사용자경험 제공, 온라인을 통한
실시간 이벤트 진행, SNS 적극 활용,
자동화된 시스템을 통해 사이트 내
구매자 행동패턴분석, 고객정보관리

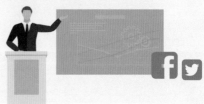

참고: oracle eloqua <The road to modern marketing>

이전의 마케팅과 현재의 마케팅 사이에 가장 큰 차이를 든다면 바로 '디지털(digital)'이라고 할 수 있습니다. 태어났을 때부터 디지털 기기에 익숙한 세대를 일컬어 디지털 네이티브(digital-native) 세대라 부르기도 합니다. 이들에게는 TV, 신문, 라디오보다 유튜브나 팟캐스트, 네이버가 더 익숙하죠. 더불어 SNS와 같은 개인화된 마케팅 채널이 보편화 되면서 더 적은 비용으로 더 명확한 고객들에게 마케팅 할 수 있는 환경이 갖추어지게 되었습니다. 이를 표로 비교하여 표시해 보았어요.

전통적 마케팅(Traditional Marketing)	현대적 마케팅(Modern Marketing)
마케터, 광고전문가가 했다.	누구나 할 수 있다.
마케터가 힘을 가지고 있다.	사용자가 힘을 가지고 있다.
콘텐츠를 기업이 만든다.	콘텐츠를 사용자가 만든다.
제품 및 서비스가 원 사이즈(타입)다.	제품 및 서비스가 맞춤형(개인화)이다.
제품(서비스)개발과 마케팅은 독립적이었다.	제품(서비스)개발과 마케팅은 분리가 불가능하다.
브랜딩에 초점을 맞췄다.	열정적인 고객에 초점을 맞춘다.
광고(advertising)가 중요하다.	전도(evangelizing)가 중요하다.
TV/ radio/ 우편홍보물(DM)/ PR	YouTube/ app/ e-mail/ blog/ Adsense

참고 : Creating Passionate Users Blogger

마케팅 전략 기초세우기

기업에서는 효과적인 마케팅 전략을 수립하기 위하여 3C, SWOT, STP, 4P 등 다양한 방법들을 활용하고 있습니다. 그 중에서도 기본이 되는 방법들에 대해 소개하도록 할게요.

·3C

마케팅 전략에 앞서 같은 고객을 대상으로 경쟁하고 있는 자사와 경쟁사를 비교하고 분석하여 자사를 어떻게 차별화해서 경쟁에서 이길 것인가를 찾아내기 위한 모델입니다.

3C	Company (자사)	우리는 무엇을 목표로 삼고 사업을 하는가? 우리의 강점과 약점은 무엇인가? 충분한 사업사원을 보유하고 있는가?
	Customer (고객)	우리의 현재와 미래의 고객은 누구인가? 고객은 어떤 니즈(needs)를 가지고 있는가? 무엇이 구매를 결정하게 만드는가? 시장은 어떻게 구성되어 있는가? 시장규모 및 장래성은 어느 정도인가?
	Competitor (경쟁사)	우리의 경쟁자는 누구인가? 경쟁자의 강점과 약점은 무엇인가? 고객은 경쟁자들을 어떻게 생각하는가? 새로운 위협이 될 만한 업체는 있는가?

· SWOT

기업의 내부환경, 외부환경에 대한 Strength(강점), Weakness(약점), Opportu-nities(기회), Threats(위협)의 4가지 요인별 분석을 바탕으로 기업 및 기관의 비전 및 전략 수립의 방향성을 설정하기 위한 방법입니다.

SWOT		
	Strength (강점)	경쟁기업과 비교하여 소비자로부터 강점으로 인식되는 부분은 무엇인가?
	Weakness (약점)	경쟁기업과 비교하여 소비자로부터 약점으로 인식되는 부분은 무엇인가?
	Opportunity (기회)	외부환경에서 유리한 기회요인은 무엇인가?
	Threat (위협)	외부환경에서 불리한 위협요인은 무엇인가?

· STP

기업이 시장을 세분화하여 개별 고객의 선호에 맞춘 제품 혹은 서비스를 제공하여 타사와의 차별성과 경쟁력을 확보하기 위한 방법입니다.

STP		
	Segmentation (세분화)	고객의 성별, 연령, 지역, 종교, 직업, 소득수준, 가치관, 라이프스타일, 소비성향 등 어떠한 기준으로 시장을 세분화할 것인가?
	Targeting (목표시장 설정)	제품의 이미지나 특징에 적합한 대상을 선정했는가?
	Positioning (포지셔닝)	고객에게 타사와 다른 자사 제품의 차별성을 각인시킬 수 있는 위치는 어느 곳인가?

· 4P mix

효과적인 마케팅을 위한 네 가지 핵심 요소를 말합니다. 4P는 Product, Price, Place, Promotion을 의미하죠. 기존의 생산자 중심의 산업사회에서 소비자 중심의 정보화사회로 접어들면서 이를 보완하고자 4C라는 개념이 등장하기도 했습니다. 4C는 Customer Benefits, Cost to Customer, Convenience, Communication을 의미합니다.

4P mix	Product(제품)	제품의 차별화를 꾀할 것인가? 서비스의 차별화를 꾀할 것인가? 혹은 두 가지를 모두 꾀할 것인가?
	Price(가격)	경쟁기업과 비교하여 소비자로부터 고객이 느끼는 가치보다는 낮으면서 생산비용보다는 높은 적정가격으로 책정되었는가?
	Place(유통)	기업의 제품 혹은 서비스를 판매하거나 유통하는 장소가 적절한가?
	Promotion (판매촉진)	묶음판매, 판촉물 증정, 가격할인, 광고, PR 등 판매를 높이기 위한 효과적인 활동을 하고 있는가?

나도 마케팅 전문가!

내가 마케팅 하고 싶은 브랜드의 상품을 한 가지 정해보세요.
그리고 앞에서 알아본 다양한 4가지 마케팅 전략 중 한 가지를 골라 분석해 보세요.

·내가 고른 브랜드와 상품:

·선택한 이유:

·분석에 활용할 마케팅 전략:

·분석:

·분석을 통해 새로 알게된 점:

마케팅 기법의 종류

　마케팅의 정의가 계속해서 변해가듯이 마케팅 기법 역시도 시대의 흐름에 따라 기업과 소비자들의 환경과 함께 바뀌어갑니다. 대표적으로 한 가지 사례만 살펴보자면 요즘 10대, 20대에게는 TV나 신문을 보는 시간보다 스마트폰을 보는 시간이 훨씬 더 길어졌죠. 이는 광고 산업과도 자연스럽게 연결되는데요. 최근에 네이버가 공중파 방송 3사보다 2배 이상의 높은 광고 매출을 올렸다는 기사에서도 알 수 있듯이 기업과 소비자가 만나는 접점이 오프라인에서 온라인으로 많이 이동해가고 있습니다. 이처럼 마케팅 분야는 시대 변화를 빠르게 반영하는 분야이기 때문에 그 변화에 대해서도 꾸준한 관심을 가지고 있어야 합니다.

　한 기업에서도 기업의 상황과 전략에 따라 다양한 종류의 마케팅 기법들을 적절하게 활용합니다. 다양한 마케팅 기법의 종류들 중 대표적인 몇 가지를 소개합니다.

❶ 브랜드마케팅(brand marketing)

　'브랜드마케팅'은 제품과 서비스와 관련된 마케팅 프로그램에 대해 올바른 형태의 경험을 하게 하여 바람직한 생각, 느낌, 이미지, 신념, 인식, 의견 등이 브랜드와 연결되도록 돕는 마케팅 기법입니다.

　기술의 발달로 제품력에 대한 상향평준화가 이루어지면서 이제 소비자들은 제품의 품질 그 이상의 가치를 기대합니다. 이를 브랜드마케팅이 돕고 있는데요. 예를 들어 우리가 '애플', '나이키', '코카콜라', '배달의민족'과 같은 브랜드를 생각하면 자연스럽게 연상되는 단어 또는 이미

지가 있죠. 이처럼 '자기다움'을 만들어 이를 알리고 관리하는 것을 브랜드마케팅이라고 이해하면 좋을 것 같습니다. 브랜드라는 것은 단순히 제품이나 서비스에 국한되는 것이 아니라 도시(city branding)나 개인(personal branding)에 적용되기도 합니다.

❷ 코즈마케팅(cause marketing)

기업이 소비자를 통해 경제적 가치와 공익적 가치를 동시에 추구하기 위해 시행하는 마케팅 기법입니다.

대표적으로 탐스(TOMS)라는 브랜드가 있습니다. 소비자가 신발 한 켤레를 구입하면 신발을 필요로 하는 빈민국 아이들에게 신발 한 켤레를 기부하는 'one for one' 캠페인을 통해 3년 만에 4,000%의 매출성장을 이뤄냈습니다. 유통 과정 개선을 통해 생산자가 정당한 수익을 가져갈 수 있도록 돕는 공정무역 역시 윤리적 소비를 유도하는 코즈마케팅의 일환이라고 볼 수 있겠습니다. 공정무역 인증 원두로 커피를 판매하는 스타벅스가 대표적이죠.

❸ 공간마케팅(space marketing)

우리 주변의 상업적 배경을 가진 모든 공간에서 이루어지는 마케팅 기법입니다.

공간을 마케팅수단으로 이용하는 마케팅 기법을 말합니다. 공간을 매체로 브랜드체험과 브랜드호감을 유도합니다. 사무실이나 브랜드매장에 브랜드에 대한 정체성을 효과적으로 담아내기도 하고, 일정 기간 임시 매장을 여는 팝업스토어의 형태나 가구점에서 카페를 운영하며 본인들의 제품들을 체험해볼 수 있도록 쇼룸을 운영하는 것 역시

공간마케팅의 대표적인 사례입니다. 또 현대카드에서 고객들을 대상으로 디자인 라이브러리, 트래블 라이브러리, 뮤직 라이브러리를 운영하고 있는 것도 고객들의 브랜드로열티(충성도)를 높이기 위한 공간마케팅 사례입니다.

❹ 문화마케팅(culture marketing)

기업이 문화를 매개로 하여 자사의 이미지를 높이기 위한 마케팅 기법입니다.

세계적인 아티스트들의 내한공연을 기획했던 현대카드의 '슈퍼콘서트'나 세계적으로 마라톤 문화를 선도하고 있는 나이키의 연례 행사 'WE RUN', 매년 여의도에서 100만 명 이상의 관객을 모으고 있는 한화의 '세계불꽃축제' 역시 대표적인 문화마케팅 사례라고 할 수 있겠습니다. 또 샤넬, 프라다, 폴스미스 등의 명품 브랜드들이 전시회를 하며 브랜드의 디자인과 철학에 대해 알리는 것 역시도 문화마케팅이라고 볼 수 있습니다.

❺ 체험마케팅(experience marketing)

소비자들의 직간접 체험을 통해 제품과 브랜드의 가치를 전달하는 마케팅 기법입니다.

단순하게는 마트의 시식 코너부터 제품이나 서비스를 체험해볼 수 있는 체험관을 운영하는 IT기업들, 직접 제품을 체험해본 후 물건을 구매토록 하는 이케아의 사례가 대표적입니다. 특히 이케아에서는 최근 증강현실(VR)을 이용해 집 안에 가상의 가구를 배치해 간접체험 할 수 있는 서비스를 제공하기도 했습니다. 이처럼 체험마케팅이라는 것이 단순히 오프라인에만 국한된 것이 아니라 디지털과 접목된 사례도 늘어가고 있습니다.

❻ 스타마케팅(star marketing)

스포츠·방송·영화 등 대중적 인지도가 높은 스타를 내세워 기업의 이미지를 높이는 마케팅 기법입니다.

기업의 제품이나 브랜드에 스타의 이미지를 활용하는 것입니다. 왕관의 브랜드 로고를 사용하는 쥬얼리브랜드 제이에스티나가 피겨여왕 김연아선수를 모델로 하여 세계적으로 브랜드를 각인시킬 수 있었던 사례나 몸에 대한 의리라는 콘셉트로 진행된 비락식혜의 광고에 의리의 이미지를 가지고 있던 영화배우 김보성이 출연해 의리 신드롬을 일으킨 사례는 스타마케팅의 대표적인 성공사례라고 할 수 있습니다.

❼ 스포츠마케팅(sports marketing)

스포츠를 이용하여 제품 판매의 확대를 목표로 하는 마케팅 기법입니다.

스포츠 의류 및 용품 생산업체에게는 매출과 직결되는 마케팅 활동이고, 스포츠 단체에게는 보다 많은 재원을 확보하기 위한 마케팅 활동이며, 일반 기업에게는 스포츠를 이용해 기존의 광고 또는 홍보 활동 등을 보조해주는 강력한 마케팅 커뮤니케이션 도구라고 할 수 있겠습니다. 글로벌마케팅을 하는 규모있는 기업들은 세계적 이벤트인 월드컵이나 올림픽의 공식 파트너로 참여하기도 하고, 인기 스포츠구단의 스폰서십을 체결하여 적극적인 스포츠마케팅을 진행하고 있습니다. 스포츠 관련 이벤트나 스포츠관련 라이센스, 머천다이징 관련된 활동도 스포츠마케팅의 일환이라고 볼 수 있습니다.

THE WORLDWIDE OLYMPIC PARTNERS

❽ 디마케팅(demarketing)

기업들이 수익에 도움이 되지 않는 고객들을 줄이고, 우량고객에게 차별화된 서비스를 제공하기 위해 자사의 상품 판매를 의도적으로 줄이는 마케팅 기법입니다.

미술전시관 입장객의 연령제한을 두거나 입장 인원을 정해놓는 것이라든지 술이나 담배의 경고 문구 역시 디마케팅의 대표적인 사례라고 볼 수 있겠습니다. 미국의 페어레인 백화점에는 '18세 이하 고객들은 오후 5시까지만 백화점에 있을 수 있다'는 독특한 정책이 있습니다. 구매 가능성이 거의 없는 10대 고객들이 백화점 보안, 도난 등 영업을 방해하는 경우가 많아 이 같은 정책을 실시하게 된 것인데 실제로 이같은 청소년 통금시간 제도를 운영하면서 성인 고객이 2배 이상 늘어나게 되었다고 합니다.

❾ 인플루언서 마케팅(influencer marketing)

인플루언서(influencer)는 영향력있는 개인을 말합니다. 인플루언서 마케팅은 잠재 소비자에게 영향을 줄 수 있는 인플루언서를 찾고, 마케팅 활동을 인플루언서에 맞추어서 하는 것을 말합니다. 이전에는 파워블로거들이 대표적인 인플루언서였다면 최근에는 유튜브나 아프리카TV에서 활동하는 스타 BJ나 페이스북 스타로 잘 알려진 리뷰왕 김리뷰 등이 주목받는 인플루언

서로 부상하고 있습니다. 개인미디어화의 영향으로 개인채널 방송이나 페이스북 리뷰페이지 등을 통해 제품이나 서비스에 대한 흥미를 유발하고, 정보를 전달함으로써 실제적인 매출 신장을 견인하는 것이죠.

⑩ VIP마케팅(VIP marketing)

소수의 고소득층과 상류층을 대상으로 하는 마케팅을 말합니다. VIP(Very Important Person) 마케팅, 귀족 마케팅(royal marketing), 럭셔리마케팅(luxury marketing), 프레스티지마케팅(prestige marketing)이라고 불리기도 합니다.

고소득층은 각종 대형·고급 제품과 서비스의 주된 소비자입니다. 대표적으로 신세계백화점의 경우를 보면 VIP고객 매출 비중이 2013년 33%, 2014년 34%, 2015년 36% 등 점점 증가하는 추세인데다 매출의 3분의 1 이상을 차지하고 있을만큼 VIP가 중요한 핵심 고객임을 알 수 있는데요. 이같은 주요 고객들에 대한 충성도를 높이기 위해 VIP 프라이빗 퍼스널 쇼퍼, VIP전용 라운지, 리무진 호텔 픽업 등의 서비스를 제공하고 있습니다.

VIP마케팅이 중요한 이유는 이들이 단순히 매출이나 이익의 많은 부분을 차지하는 것일 뿐만 아니라 일부의 고객이 회사 전체 고객의 트렌드를 선도하기 때문입니다. 또 상류층뿐만 아니라 상류층이 되고자 하는 중상류층에게까지 시장을 확장하여 상대적으로 경기를 잘 타지 않는 안정적인 매출 증대를 기대할 수 있습니다.

나도 마케팅 전문가!

앞에서 마케팅 전략을 사용해 분석해본 상품을 마케팅 하는 데에
어떤 마케팅 기법을 활용하면 좋을까요?
적용해 보며 한 발짝 더 마케터의 꿈에 다가가 보아요!

·내가 고른 브랜드와 상품:

·분석을 통해 발견한 점:

·선택한 마케팅 기법과 그 이유:

·어떻게 활용할 수 있을까?

알아두면 좋은 **트렌드 개념**

공유경제(Sharing economy)

물품이나 서비스와 같은 자원을 소유의 개념이 아닌 사용과 공유의 개념으로 인식하여 서로 대여해주고 차용해 쓰는 것을 말합니다. 다른 사람들과 공유함으로써 소유자는 효율을 높일 수 있고, 구매자는 싼 값에 이용할 수 있게 하는 소비형태입니다. 대표적인 기업으로 모바일 차량 예약 서비스 '우버(uber)', 국내 최대 카셰어링 기업 '쏘카(SOCAR)'와 세계 최대 숙박 공유 서비스 '에어비앤비(Airbnb)'가 있습니다.

욜로(YOLO) 라이프

욜로(YOLO)란 'You Only Live Once'의 머리글자를 따 조합해 만든 단어로 '한 번 뿐인 인생, 멋지게 즐기며 살자!'라는 뜻을 담고 있습니다. 세계적으로 경기불황의 장기화로 미래예측이 어려워지면서 '현재의 삶에 더욱 충실하자'는 욜로 라이프가 등장하게 된 것이죠. 이들은 자기주도적인 소비를 하고, 취미생활에 아낌없이 투자하는 소비성향을 보입니다.

1코노미

통계청에 따르면 우리나라의 2017년 1인가구 비율이 전체 가구의 30%를 넘길 것으로 보인다고 합니다. '1코노미'는 '1인'과 '이코노미(economy)' 두 단어를 조합하여 만든 말로 자신을 위해 소비하고, 혼자만의 생활을 즐기는 경제를 뜻합니다. '혼밥(혼자 밥 먹기)', '혼행(혼자 여행가기)', '혼영(혼자 영화보기)'와 같이 '혼자' 즐기는 문화가 젊은 세대를 중심으로 점차 확산되고 있습니다.

옴니채널(omni-channel)

오프라인에서 제품을 살펴본 뒤 구매는 온라인 혹은 모바일로 하는 사람이 있는가하면 온라인 매장에서 제품을 살펴본 후 구매는 오프라인으로 하는 사람도 있기 마련이죠. 옴니채널은 '모든'을 뜻하는 옴니(Omni)와 제품의 유통 경로를 의미하는 채널(channel)의 합성어로 온·오프라인·모바일 등으로 구분되어 있는 모든 쇼핑채널을 고객이 하나의 매장처럼 이용할 수 있도록 한 시스템을 의미합니다.

O2O(Online to Offline)

온라인 투 오프라인(online to offline)의 약자인 O2O는 온라인의 기술을 이용해서 오프라인의 수요와 공급을 혁신시키는 새로운 현상을 지칭합니다. 줄 서지 않고 편하게 음료를 주문할 수 있는 스타벅스의 '사이렌오더'나 어플리케이션을 통해 배달음식을 주문가능한 '배달의민족', 어플리케이션으로 택시를 부르는 '카카오택시'도 O2O의 대표적인 사례라고 볼 수 있겠습니다.

사물인터넷(Internet of Things)

스위치를 누르지 않고 음성으로 실내등을 켜고 끄거나 공기청정기를 작동시키고, 음악재생이 가능한 '인공지능 음성인식 디바이스', 사물인터넷 칩이 심어진 시계 통해 하루 활동량이나 수면 패턴 등을 체크하는 '스마트워치' 등과 같이 사물, 사람, 장소, 프로세스 등 유/무형의 사물들이 연결된 것을 '사물인터넷(Internet of Things 또는 줄여서 IoT)'이라고 부릅니다. 마치 사물들끼리 서로 대화를 함으로써 사람들을 위한 편리한 기능들을 수행하게 되는 것이죠. 시장조사업체에 따르면 2020년까지 전 세계 260억 개의 사물들이 인터넷에 기반해 서로 연결될 것으로 보고 있습니다.

마케팅 관련 대학생 대외활동 소개

대학교에 가면 마케팅 관련된 다양한 대외활동들이 있습니다. 이 같은 활동을 통해 마케팅에 대한 실무적인 지식이나 경험을 직간접적으로 체험해볼 수 있으니 마케터를 꿈꾸시는 분들은 이 같은 기회를 적극적으로 활용하시길 추천드립니다. 마케팅이 나와 잘 맞는지를 점검해볼 수도 있고, 다양한 기업의 마케팅 담당자들, 예비 마케터들과 네트워킹할 수 있는 멋진 기회이기도 하니까요.

❶ Dreamer's Marketing School(DMS)

마케팅전략, 광고, SNS, 창업, 브랜드매니지먼트, 글로벌마케팅까지 다양한 업계의 임원급 마케팅 전문가들이 마케터를 꿈꾸는 대학생들에게 마케팅에 대한 뜨거운 열정과 오랜 경험을 바탕으로 살아있는 마케팅 이야기를 전달하는 꿈꾸는 자들의 마케팅학교입니다. 매년 25명을 선발합니다.

❷ KT&G 상상마케팅스쿨

대학생 마케팅적 상상을 실현해 주고자 시작된 KT&G 상상univ.의 마케팅 멘토링 프로그램으로 6주에 걸쳐 주요 기업의 마케터들이 이끄는 생생한 사례 중심의 강의를 수강하는 동시에 팀 단위로 주어지는 미션 및 프로젝트를 수행하게 됩니다. 매년 전국적으로 약 1,200여 명을 선발합니다.

❸ 마케팅사관학교

올바른 인성과 최고의 실력을 갖춘 예비 마케터 육성을 목표로 하는 대한민국 대표 마케터들의 재능기부 프로그램입니다. 각 산업별 20여명의 대기업 마케터가 학생의 진로와 취업상담을 돕는 취업 멘토링 시스템도 함께 운영됩니다. 매 기수를 6개월 단위로 소수정예로 선발하며, 20주간 매주 토요일 과제 발표 경쟁 PT를 실시합니다. 또한 최소 2회 기업후원 경쟁 PT를 시행하고 있습니다.

❹ 프래그머티스트

국내 최고의 실무지향 마케팅 전문대학 콘셉트의 인재양성 프로그램입니다. 비영리 목적으로 운영되며, 마케팅, PR, 전공분야의 통찰력 뿐만 아니라, 다양한 자기계발 프로그램(창의력, 독서, 칼럼작성, 컴퓨터, 기획, 프리젠테이션 등)의 교육 및 실습을 통해 현업에 진출 시 기업에서 요구하는 실용적 인재를 양성하고 있습니다.

❺ BAMP(밤프)

국내 최초 대학생 공모전 연합동아리 BAMP는 Brand Ad Markeitng Planner의 약자입니다. 10년이 넘는 동아리의 역사를 간직한 곳으로 탄탄한 커리큘럼을 바탕으로 총 200회가 넘는 수상경력과 다양한 마케팅 현업에 근무하는 선후배 네트워크를 자랑하죠. 사람과 공모전이 있는 곳, BAMP는 매년 상반기와 하반기 총 2번을 모집합니다.

마케팅 관련 공모전

　다양한 기업들은 대학생들을 대상으로 마케팅 공모전을 실시하고 있습니다. 이같은 공모전은 마케터의 입장에서 브랜드를 관찰하고, 분석하고, 전략을 세워볼 수 있는 좋은 훈련이 됩니다. 멋진 대학생이 되어 아래 공모전에 참여하는 것을 상상해보며 지금부터 실력을 갈고 닦아보는 것은 어떨까요?

❶ 제일기획 아이디어 페스티벌

　1978년부터 시작해 올해로 38회를 맞은 우리나라 대표적인 대학생 공모전으로 2015년에만 9,000여 명이 참여하여 2,500편의 작품을 출품했을 정도로 큰 호응을 얻고 있는 공모전입니다. 2017년의 경우 영상 광고, 인쇄 광고, 옥외 광고, 온라인 광고, 광고 기획서 등 5개 부문으로 나뉘어 진행되었습니다.

❷ HS애드 대학생 광고대상

1988년부터 시작해 올해로 30회를 맞는 HS애드 대학생 광고대상은 제일기획 아이디어 페스티벌과 함께 대표적인 대학생 공모전으로 손꼽히고 있습니다. 2016년의 경우 기획서 부문과 크리에이티브(film, print) 부문으로 나누어 진행될 예정입니다.

❸ 아모레퍼시픽 마케팅공모전

올해로 13회를 맞은 아모레퍼시픽 마케팅 공모전은 아모레퍼시픽 브랜드별 과제 중 한 가지를 선택하여 해당 브랜드의 마케팅 전략 기획서를 작성하는 공모전입니다. 최우수팀의 경우 1천만 원의 상금과 인턴십, 입사특전의 기회가 제공됩니다.

나도 도전할수 있다!

중고등학생들이 도전해볼 수 있는 마케팅 공모전도 꽤 있답니다.
'씽굿'이라는 공모전 사이트에서 공모전 현황을 볼 수 있고, 그 중 '응모대상'을 중·고등학생으로 선택하면 참여할수 있는 공모전의 리스트와 공모 요강, 응모 주제, 응모 일정, 심사 방법, 시상 내역 등의 정보를 볼 수 있어요. 정부 기관에서 주최하는 공모전부터 기업에서 주최하는 공모전까지 다양하고, UCC, 네이밍, 콘텐츠 공모, 기획단 모집 등 범위가 넓답니다. 내가 관심있는 주제를 찾아 친구들과 함께 도전해 보는 것은 어떨까요?

https://www.thinkcontest.com

마케팅 관련 정보를 살펴볼 수 있는 웹사이트

마케팅에 관심있는 학생들이 참고하면 도움이 될만한 사이트를 소개합니다.

❶ 스투시의 Marketing&AD Factory – blog.naver.com/stussy9505

'스투시의 Marketing&AD Factory'는 다양한 마케팅, 광고콘텐츠, 소셜미디어 정보를 공유하는 블로그입니다. 다양하고 흥미로운 전 세계 곳곳의 마케팅 및 광고 성공사례를 살펴볼 수 있습니다.

❷ 광고의 모든 것 – www.facebook.com/allaboutad

'광고의 모든 것'은 2012년부터 5년간 약 32만 명의 팔로어를 모은 페이스북 페이지로 대한민국 No.1 광고크리에이티브 소셜 플랫폼입니다. 전 세계의 광고수상작이나 인사이트를 줄 수 있는 다양한 글들이 공유됩니다.

저는 '광고의 모든 것' 페이스북 페이지 외에도 디지털 인사이트 전문지 'DI MAGA-ZINE(Digital Insight Magazine)', 그 외에도 미국의 주간 광고 잡지인 '애드위크(Adweek)'나 미국 디지털 산업 전문매체 '디지데이(Digiday)'와 같은 외국매체들을 꾸준히 살펴봅니다.

디아이 투데이 – http://www.ditoday.com/ – DI MAGAZINE의 일부콘텐츠를 볼 수 있는 사이트

❸ 하루 5분 마케팅공부 – www.facebook.com/5min.marketing

하루 5분 연구소에서 운영중인 '하루 5분 마케팅공부'는 5분 만에 나눌 수 있는 작은 지식 나눔이 쌓여 세상을 조금이라도 밝게 변화시키길 바라는 친구들이 모여 만든 페이스북 페이지입니다. 매일 양질의 마케팅 콘텐츠를 접하기 위해 9만 명 가까운 사람들이 '좋아요'를 누르고 정보를 받아보고 있습니다.

❹ 플래텀 – www.platum.kr

'플래텀(platum)'은 스타트업 분야의 리딩 스타트업 미디어(media)로, 콘텐츠와 미디어, 기술 중심의 스타트업들을 소개하고 알리는 미디어입니다. 스타트업, 기업가정신, 투자, 트렌드와 함께 마케팅이라는 메뉴가 별도로 마련되어 있어 마케팅을 비롯한 기업, 트렌드에 대한 소식을 받아볼 수 있습니다.

❺ DMC Report – www.dmcreport.co.kr

DMC리포트는 디지털미디어&광고마케팅 전문기업 DMC미디어에서 제공하는 디지털미디어&광고마케팅 분야 연구/조사/분석미디어로 디지털 광고마케팅 집행 결과 데이터베이스와 인사이트를 바탕으로 마켓, 미디어, 소비자, 리서치, 글로벌이슈 및 다양한 통계자료를 제공하고 있습니다.

⑥ 트렌드와칭 - www.trendw.kr

트렌드와칭은 최신 IT트렌드와 정보를 제공하는 전문 인터넷 미디어입니다. 마케팅, 미디어, 디자인, 트렌드에 대한 다양하게 정리된 정보들을 살펴볼 수 있습니다.

⑦ 마케팅 어벤저스 - www.podbbang.com/ch/8007

'마케팅 어벤저스'는 마케팅 분야에서 5년 이상 근무 경험을 쌓은 5명의 진행자들이 생활 주변에서 흔히 접하게 되는 다양한 마케팅 사례들을 알기 쉽게 설명해 주는 팟캐스트 방송입니다. 2014년 8월 첫 방송을 시작으로 2016년 6월 시즌3까지 마치고 시즌4를 준비중입니다.

저는 사례를 많이 보면서 '왜 저런 마케팅을 했을까?' 분석해보고, '나라면 어떻게 했을까?' 고민해보는 과정이 중요하다고 생각해요.

페이스북이나 블로그 등 SNS를 통해 업계에 계신 분들을 팔로우(follow)하며 정보를 얻는 방법도 좋을 것 같네요. 그 분들이 어떤 일을 하고, 무슨 생각을 하는지 쉽게 들여다 볼 수 있으니까요. 추천 자료를 접할 수 있다는 건 덤이죠! 요즘엔 브런치나 미디움, PASS, 블로터 등 다양한 사이트에서 자료를 본답니다.

길을 가다 마주치는 버스 정류장의 광고처럼 늘 우리 주변에 늘 수많은 광고도 눈여겨 보세요. 네이버나 유투브에서 영상 시작 전 강제 시청해야하는 15초 광고라도 지루하지 않게 브랜드나 제품, 서비스를 잘 전달하려는 고민의 흔적이 느껴지지요.

깐느 광고제 수상작을 찾아보거나 전시, 공연, 페스티벌에 가보는 것도 좋습니다. 특히 미디어아트 전시나 대형 콘서트에선 뉴미디어 기술을 활용한 인터랙티브 콘텐츠의 사례를 가까이서 접할 수 있을거예요.

영감을 얻을 수 있는 곳은 참 많답니다!

멘토가 예비마케터에게
추천하는 책, 영화

[이관섭]

책 '마케팅 불변의 법칙'(잭 트라우트, 알 리스 저)

시대가 바뀌고 기업이 바뀌어도 비즈니스 세계를 지배하는 강력한 22가지 마케팅 불변의 법칙을 소개하는 책입니다. 마케팅을 공부하기 시작한 학생부터 노련한 전문가에 이르기까지, 사원에서 CEO에 이르기까지, 오늘날의 경쟁환경에서 살아남고자 하는 사람이라면 읽어야 할 책입니다.

[남주영]

책 '광고 불변의 법칙'(데이비드 오길비 저)

세계적인 카피라이터이자, 세계에서 10번째로 큰 광고대행사인 오길비앤매더Ogilvy&Mather의 창립자로 '현대 광고의 아버지'로 불리는

데이비는 오길비가 20년 동안 경험한 광고의 법칙을 체계적으로 정리한 책입니다. 한 발 더 나아가 실무에서 어떻게 광고를 집행하는지 찬찬히 설명하는 지침서이기도 하죠.

[진민규]
책 '마케팅 천재가 된 맥스' (제프 콕스, 하워드 스티븐스 저)

수많은 사람들과 기업의 자료를 바탕으로 마케팅을 쉽고 재미있게 풀어낸 마케팅소설입니다. 코끼리가 주요 운송수단이었던 고대 이집트 시대에 최초로 돌바퀴를 발명한 맥스와 미니 부부가, 당시엔 혁신적이었던 돌바퀴를 시장에 론칭시킨 후 세계 제일의 바퀴 제조회사를 탄생시키기까지의 과정을 흥미진진하게 보여주죠. 신기술이 시장에 등장했을 때부터 시장에서 수요보다 공급이 많아질 때까지 시장과 고객의 변화과정을 정리하여 보여주며, 그 과정마다 어떤 마케팅 전략을 실행해야 하는지 알려줍니다.

[이종욱]
영화 '미라클벨리에(The Belier Family)'

실제 청각 장애인 가정에서 자란 프랑스 작가 베로니크 폴랑의 2014년 프랑스 베스트셀러 〈수화, 소리, 사랑해! 베로니크 CODA 다이어리〉를 모티브로 제작된 영화로 장애를 가진 부모와 정상인 자식 간에 일어날 수 있는 에피소드의 상황들을 자연스럽게 녹여낸 영화입니다.

[이승준]
책 '달리기를 말할 때 내가 하고 싶은 이야기'
(무라카미 하루키 저)

마케팅도 결국에는 일이기 때문에 직업관에 대한 생각을 갖게 해줄 것입니다.

책 '스티브잡스'(월터 아이작슨 저)

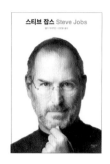

애플의 창업자 스티브잡스의 유일한 공식 전기입니다. 꽤 두껍지만 읽고 나면 스티브 잡스의 생각과 철학, 그리고 실패를 통한 경험, 성공까지 알 수 있죠. 좋은 롤모델이 될 것 같습니다.

영화나 책이나 그 당시 유행하는, 평론가가 보라고 하는, 영화제에서 상을 탄 사람들이 추천하는 것들을 꼭 경험해보는 것이 좋은 것 같습니다. 사람들이 왜 이 책을 읽었을지, 지금 세상은 어떠한 곳인지 알 수 있고, 그로 인해 고객이 어떤 상태인지 알게 된다면 마케터로서 기획할 때 마케팅의 함정이나 실수에 빠지지 않을 수도 있지 않을까요?

[Editor's Choice]
영화 '악마는 프라다를 입는다(The devil wears Prada)'

패션 산업 뿐만 아니라 브랜딩, 판매 기술, 미디어 등 여러 측면에서 영감을 얻을 수 있는 영화입니다. 회사 생활에 대해서도 무겁지 않게 잘 표현한 유쾌한 영화죠. 일찍이 27개 언어로 번역된 베스트셀러를 기반으로 탄탄한 팬층을 확보하고 있었던데다 영화 설정 상 최첨단 패션들이 등장하며 세계 패션 트렌드를 선보이니 프라다를 비롯한 많은 명품 브랜드에서 앞 다투어 고급 의상을 협찬했다고 합니다. 업체들은 확실한 PPL(간접광고) 효과를 얻게 되었고, 제작진은 제작비를 줄여 win-win할 수 있었죠.

생생 인터뷰 후기

'저런 제품이 어떻게 이렇게 인기가 많은 것일까? 그리고 이 제품은 이렇게 좋은데 왜 이렇게 사람들에게 사랑받지 못하는 것일까?'

일반적으로 하룻동안 한 사람에게 노출되는 광고의 수는 3,000여 개에 이르지만 그 중 소비자가 기억하는 광고의 수는 18개 남짓이라고 한다. 제품·서비스를 얼마나 잘 만드느냐도 너무나 중요하지만 이제 소비자들은 제품력 그 이상의 가치를 기대한다. 그 부분을 함께 고민하고, 반영하여 실행하는 사람들이 바로 마케터가 아닐까 싶다. 고객을 누구보다 잘 아는 사람들. 그렇게 고객의 가려운 곳을 긁어주는 사람들. 그들이 너무나 궁금했고, 알고 싶었다.

공대생으로 대학교에 입학했던 필자가 경영학도로 전과하게 만들었던 것은 다름 아닌 마케팅 때문이었다. 그런 마케팅을 더 자세히 알고 싶었고, 경험해보고 싶었다. 단순히 학교에서 마케팅 수업을 듣는 것을 넘어, 마케팅공모전에 참여해 마케팅 기획서를 작성해보기도 했고, google을 비롯한 국내외의 기업에서 마케팅 관련 프로젝트에 참여할 수 있는 기회도 얻을 수 있었다. 또 10년 동안 운영해온 블로그에는 400만 명에 가까운 사람들이 다녀갔으며, 재미로 만들었던 페이스북 페이지에도 무려 15만 명의 팬이 모였다. 그렇게 머리와 손, 발로 보고, 듣고, 느낀 나의 경험들이 통해 마케팅에 대한 관심과 꿈을 키워나갔다.

필자는 지난 지금 진로교육기업에서 교육 콘텐츠 기획 및 마케팅 업무를 담당하고 있다. 교육 회사에 있지만 그 안에서 필자가 하고 싶었던 마케팅을 여전히 공부하며, 고민하고 있다. 마케팅에 관심이 있는 친구들이라면 필자와 같이 학창시절 다양한 방법들을 통해 마케팅에 대해, 산업과 기업들에 대해 나와 잘 맞는지 여부를 점검해볼 수 있다고 생각한다. 거창한 방법이 아니라 내가 지금 바로 할 수 있는 작은 것에서부터 말이다. 그 작은 실행이 나만의 스토리를, 경쟁력을 만들어줄 것이라고 믿는다.

많은 마케팅 전문가들을 만나 인터뷰를 진행하면서 하나 같이 느낀 점은 자신이 관리했던 브랜드를 마치 자기 자식처럼 아끼고 사랑하고 있다는 점이었다. 자신이 다니고 있는 회사와 자신이 하고 있는 일에 대해 애정을 가질 수 있다는 것. 그것이 얼마나 가치있는 일인지는 회사에 다녀본 사람이라면 너무나도 잘 안다. '제품과 서비스에 생명을 불어넣어 소비자에게 필요한 가치를 효과적으로 전달하는 일.' 내가 많은 마케터들을 만나면서 마케팅에 대해 나름대로 내린 정의다.

'마케터 어떻게 되었을까'를 기획하며 먼저 했던 고민은 마케팅에 대한 다양성을 보여줄 수 있으면서 학생들이 관심을 가지고 있을만한 산업·기업에 속한 마케터들을 떠올리는 것이었다. 그렇게 제품, 식품, IT, 게임, 뷰티, 방송, 엔터테인먼트, 광고, 마케팅컨설팅 등 다양한 산업·기업에서 마케팅을 경험한 마케팅고수들을 섭외하게 되었다. 끝으로 이 자리를 빌어 마케터를 꿈꾸는 청소년들을 위해 자신의 경험을 공유해 준 여섯 분의 마케터 분들께 다시 한 번 감사의 인사를 전한다.

이관섭 홈플러스 마케팅 부문장(CMO)

그는 세계적인 마케팅 사관학교로 일컬어지는 P&G에서 마케팅을 시작해 한국피자헛을 거쳐, LG전자에서 30대에 대기업 임원에 오를 정도로 실력을 인정받은 마케터다. 대기업 임원이라는 자리가 주는 무게감과 업무만으로도 하루가 부족할 듯한데 그 시간을 쪼개 대학원을 졸업했고, 대학교 강의, 별도의 대학생 마케팅학교 운영을 해온 그는 심지어 가정에도 충실한 아버지다.

인터뷰하는 내내 힘주어 강조했던 "자신이 담당하는 혹은 담당했던 브랜드까지도 자식처럼 사랑하라!"는 말에는 진정성이 느껴졌고, '마케팅에 대한 이 같은 접근이 지금의 그를 있게 하지 않았을까'라는 생각이 들었다.

남주영 all the M 대표

그녀는 광고대행사에서 시작해 KFC, adidas, LG전자 등 굵직굵직한 기업에서 마케터로 활동하다 지금은 기업들의 마케팅 컨설팅과 더불어 대학교에서 학생들에게 마케팅 실무와 외국계 기업 취업을 가르치고 있다. 여전히 많은 기업체에서 스카우트 제의가 오고 있지만 교육에 대한 비전을

가지고 더 정진하고 싶다고 한다. 교사가 되고 싶었던 그녀의 학창시절 꿈이 마케팅 전문가로 대학생들을 가르치는 모습으로 실현되었다고 생각한다. 마케팅실무에 대해 잔뼈가 굵은 그녀의 경험이 마케터를 꿈꾸는 학생들에게 크나큰 도움이 되리라고 감히 확신한다.

황희영 아이디인큐 대표

삼성중앙역 인근의 카페에서 그녀를 만나 인터뷰를 진행하면서 느낀 점은 필자가 어떤 정보를 필요로 하는지 정확히 알고 핵심정보 중심의 정제된 인터뷰를 하고 있다는 느낌이었다. 소비자를 아는 것이 무엇보다 중요하다는 마케터의 기본 철칙이 그녀의 인터뷰를 통해서도 묻어나고 있는 듯해서 신기했다.

공대를 졸업한 그녀는 세계적인 컨설팅회사 모니터그룹의 컨설턴트를 시작으로 한국피자헛의 브랜드매니저를 거쳐 세계 최고의 경영컨설팅회사로 손꼽히는 McKinsey&Company의 마케팅 컨설턴트가 되었다. "공대를 졸업해도 마케터가 될 수 있나요?"라는 질문을 학생들이 심심찮게 하는데 공학도만의 논리적 사고와 분석력, 전공지식을 바탕으로 경쟁력있는 마케터가 될 수 있다는 것을 그녀와의 인터뷰를 통해 실감했다. 현재 그녀는 고객으로 만났던 모바일리서치 기업의 대표가 되어 회사를 이끌어나가고 있다.

진민규 Amazon.com 사업개발 팀장

우연히 페이스북에서 진민규 매니저의 '마케터를 꿈꾸시는 분들께'라는 칼럼을 읽고 꼭 만나야 겠다는 생각이 들었다. 페이스북을 통해 연락을 취했고, 책의 취지를 듣고 흔쾌히 인터뷰를 수락한 그는 디지털마케팅 관련 대형컨퍼런스에서 강의를 하고, 블로그를 통해 많은 팔로워들을 확보하고 있기도 한 디지털마케팅 전문가다. google korea에서 첫 인터뷰를 진행하고, 시간이 지나 이

직한 Riot games에서 추가 인터뷰를 진행했는데 최근 Amazon.com으로 자리를 옮겼다. 여섯 분 중 가장 먼저 섭외했으니 책이 나오기까지 가장 오래 기다려준 분이기도 하다. 이 자리를 빌어 죄송하다는 말과 감사하다는 말을 다시 한 번 전하고 싶다.

이종욱 아모레퍼시픽 e-커머스 비즈니스 담당

아모레퍼시픽은 직원들의 직급 대신 '님'이라는 호칭을 붙인다. 필자 역시 그를 이종욱'님'으로 불렀다. 편안한 분위기 속에 솔직하면서도 담백하게 마케팅에 대한 생각을 나눴다. 인터뷰 내 소개한 사례들도 학생들이 쉽게 이해할 수 있는 것이었고, 그 안에 마케팅의 본질과 인사이트를 담고 있다고 생각한다.

그는 브랜드전략, 유통, e-biz 부서를 옮겨다니며 한 기업 내에서 영업부터 유통, 마케팅까지 10년 이상 경험한 뷰티/덴탈 분야 전문가다. 나머지 분들이 다양한 산업군에서 마케팅이라는 직무를 경험한 케이스라면 그는 하나의 산업군에서 다양한 직무를 경험한 독특한 커리어를 지니고 있었다. 그렇기 때문에 타 부서의 입장을 잘 알기에 조금 더 폭넓은 마케팅적 사고와 커뮤니케이션이 가능하지 않았을까?

이승준 아파트멘터리 마케팅 이사

우리나라 최고의 PD 중 한 사람으로 손꼽히는 나영석 PD의 크루로 '꽃보다' 시리즈와 '삼시세끼' 등의 성공작을 함께 만들었던 콘텐츠 마케터였던 그는 많은 학생들이 궁금해 하는 YG엔터테인먼트로 이직했다. 그를 인터뷰하기 위해 YG엔터테인먼트의 사옥으로 직접 방문했고, 인터뷰에 앞서 그 유명한 YG엔터테인먼트의 식당에서 식사할 수 있는 기회도 누릴 수 있었다.(다시 한 번 감사합니다!)

엔터테인먼트 산업에 소속되어 있던 그의 이야기는 흥미로운 것들로 가득했다. 그래서 시간가는 줄 모르고 인터뷰했던 기억이 있다. 그는 현재 자신의 재능과 역량을 더 잘 발휘할 수 있는 기회를 찾아 인테리어 리모델링 서비스 스타트업에서 새로운 도전을 진행중이다. 새로운 곳에서 새롭게 출발하는 그의 도전을 진심으로 응원한다!